Geiriadur

mor
mwy
mwyaf

Gomer

Geiriadur

mor
mwy
mwyaf
Gomer

D. Geraint Lewis

Yn cynnwys lluniau lliw llawn
gan Graham Howells

Gomer

i Nia a Cynan

Mae'n bleser gennyf gydnabod fy nyled i'r tîm bach o addysgwyr dan arweiniad Rhiannon Jenkins a fu'n ddiwyd yn y gwaith o sicrhau bod cynnwys y geiriaduron cyntaf hyn yn cwrdd â gofynion y plant, yr athrawon a'r rhieni y paratowyd y cyfrolau ar eu cyfer. Yn yr un ffordd rhaid diolch i Sioned Lleinau a staff Gwasg Gomer am sicrhau dyluniad mor bwrpasol i gasgliad o eiriau yr oedd yn dipyn o gamp eu darlunio.

Cyhoeddwyd gyntaf yn 2014 gan
Wasg Gomer, Llandysul, Ceredigion, SA44 4JL
www.gomer.co.uk

ISBN 978 1 84851 768 4

Ⓗy testun: D. Geraint Lewis, 2014 ©
Ⓗy lluniau: Graham Howells, 2014 ©

Mae D. Geraint Lewis a Graham Howells wedi datgan
eu hawl dan Ddeddf Hawlfreintiau, Dyluniadau a Phatentau 1988
i gael eu cydnabod fel awdur ac arlunydd y llyfr hwn.

Noddwyd gan Lywodraeth Cymru.

Cyhoeddwyd dan nawdd
Cynllun Adnoddau Addysgu a Dysgu CBAC.

Argraffwyd a rhwymwyd yng Nghymru gan
Wasg Gomer, Llandysul, Ceredigion

Cynnwys

Geiriaduron Cymraeg Gomer

Teitl / Title	Oedran / Age	Cynnwys / Contents	Amcan / Objective
Geiriadur Pinc a Glas Gomer	6–7	500 o luniau. 500 o ddiffiniadau yn cynnwys: • enwau gwrywaidd a benywaidd • ansoddeiriau	Cyflwyno: • trefn yr wyddor a sgiliau cyntaf • cenedl enw drwy ddefnyddio lliw • ansoddeiriau • rhifolion
	6–7	500 images. 500 definitions, including: • masculine and feminine nouns • adjectives	To introduce: • the alphabet and first skills • noun genders, by using colour • adjectives • numbers
Geiriadur Mor, Mwy, Mwyaf Gomer	7–8	Hyd at 100 o luniau. 1,000 o ddiffiniadau yn cynnwys: • enwau (unigol a lluosog) • ansoddeiriau • rhannau ymadrodd Cymraeg	Cyflwyno: • ffurfiau lluosog enwau (*hyn*) • ffurfiau cwmpasog cymharu ansoddeiriau • rhifolion
	7–8	Up to 100 images. 1,000 definitions, including: • nouns (singular and plural) • adjectives • Welsh parts of speech	To introduce: • plural noun forms (*hyn*) • comparative adjectives • numbers

Teitl Title	Oedran Age	Cynnwys Contents	Amcan Objective
Geiriadur Gwybod y Geiriau Gomer	8–10	1,500 o ddiffiniadau yn cynnwys: • enwau • ansoddeiriau • berfenwau • rhannau ymadrodd • gair Saesneg • mynegai Saesneg	Cyflwyno: • enwau gwrywaidd (*eg*) neu fenywaidd (*eb*) • enwau lluosog (*ell*) • ffurfiau cryno cymharu ansoddeiriau (*a*) • bôn y ferf (*bf*) drwy gyfrwng trydydd unigol yr Amser Gorffennol • mynegai Saesneg yn cynnwys rhan ymadrodd y gair Cymraeg • rhifolion
	8–10	1,500 definitions, including: • nouns • adjectives • verbs • phrases • English words • English appendix	To introduce: • masculine (*eg*) or feminine nouns (*eb*) • plural nouns (*ell*) • concise comparative adjectives (*a*) • verbs (*bf*) by means of the third person singular, past tense • an English glossary, making it easier to find all the English meanings within the main body of the Welsh text • numbers

Sut i ddefnyddio'r geiriadur
How to use this dictionary

Mae dod o hyd i air mewn geiriadur yn hawdd os ydych chi'n gallu adrodd yr wyddor. Mae'r llythrennau ar ochr y dudalen yn dangos trefn yr wyddor Gymraeg. Mae'r wyddor Gymraeg yn wahanol i'r wyddor Saesneg am ei bod yn cynnwys llythrennau dwbl, fel 'ch' neu 'ff' neu 'll' neu 'rh'.

You will find it easy to look up a word in a dictionary if you can recite the letters of the alphabet in the right order. The letters on the side of the page show you the letters of the Welsh alphabet. The Welsh alphabet is not the same as the English alphabet as it includes double letters such as 'ch' or 'ff' or 'll' or 'rh'.

Er mwyn chwilio am y gair 'ceffyl':
In order to look up 'ceffyl':

Edrychwch am 'c' yn y rhestr o lythrennau ar ochr y dudalen.

Look for 'c' in the list of letters on the side of the page.

Bydd rhestr o eiriau sy'n dechrau gyda'r llythyren 'c' i'w gweld ar y dudalen hon, yn ogystal â diffiniad o bob gair a llun i ddangos yr ystyr yn well.

A list of words beginning with the letter 'c' can be found on this page, with a definition of the word and an image to further explain the meaning.

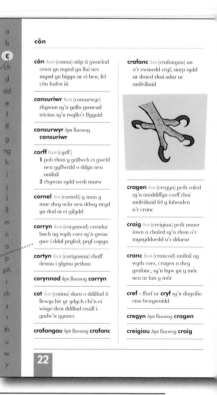

Mae'r geiriadur hwn yn dangos:	This dictionary shows:
enwau unigol *hwn* a *hon* enwau lluosog *hyn* ac ansoddeiriau *a*	singular nouns *hwn* and *hon* plural nouns *hyn* and adjectives *a*
Mae'r geiriadur hwn hefyd yn dangos sut i gymharu ansoddeiriau wrth ddisgrifio rhywbeth. Wrth ddisgrifio rhywbeth sy'n 'anodd', mae'n bosib defnyddio	This dictionary also shows how to compare adjectives when describing something. When describing something 'difficult', it is possible to use
mor anodd mwy anodd **mwyaf anodd**	as difficult more difficult **most difficult**

Wedyn chwiliwch am y geiriau yn dechrau â 'ce-'.

Then look for words beginning with 'ce-'.

Ar ôl dod o hyd i'r geiriau yn dechrau â 'ce-' edrychwch am y geiriau yn dechrau â 'ceff-'.

After finding words beginning with 'ce-' look for words beginning with 'ceff-'.

Weithiau, bydd gan air fwy nag un ystyr. Defnyddir rhifau i nodi'r gwahanol ystyron.

Sometimes a word might have more than one meaning. Numbers are used to list the various meanings.

---

cwch

eision *hyn* darnau tenau o wyd, tatws fel arfer, wedi'u coginio

empog *hon* (crempogau) math o deisen wedi'i ffrio sy'n cynnwys blawd, llaeth ac wyau

b *hwn* (cribau) rhywbeth â rhes o ddannedd plastig neu fetel i gribo'ch gwallt neu lew anifail

ced *hwn* gêm i ddau dîm sy'n ceisio'i ei chwarae gyda dau fat, dwy wiced a phêl galed

ocodeil *hwn* (crocodeiliaid neu crocodeilod) anifail mawr sy'n byw yn afonydd rhai o wledydd poeth y byd; mae ganddo goesau byr, corff hir a dannedd miniog

oes *hon* (croesau) siâp † neu x

oesfan *hon* (croesfannau) lle diogel i groesi heol, rheilffordd neu afon

oesfannau *hyn* lluosog **croesfan**

ud *hwn* gwely babi

on *a* ffurf ar **crwn** sy'n disgrifio enw benywaidd

crwban *hwn* (crwbanod) anifail â phedair troed a chragen fawr dros ei gorff, sy'n symud yn araf iawn

crwn *a* gair i ddisgrifio rhywbeth tebyg i siâp pêl; **cron** yw'r ffurf ar crwn sy'n disgrifio enw benywaidd
mor grwn; mwy crwn; **mwyaf crwn**

cryf *a* gair i ddisgrifio:
1 rhywun neu rywbeth sy'n gallu codi pethau trwm
2 rhywbeth sydd ddim yn torri'n hawdd
mor gryf; cryfach; **cryfaf**

crys *hwn* (crysau) darn ysgafn o ddillad yr ydych chi'n ei wisgo ar ran uchaf y corff

cwch *hwn* (cychod) peth sy'n gallu symud pobl a phethau dros wyneb y dŵr

a
b
c
ch
d
dd
e
f
ff
g
ng
h
i
j
l
ll
m
n
o
p
ph
r
rh
s
t
th
u
w
y

23

A a

actor *hwn* (actorion) bachgen neu ddyn sy'n cymryd rhan mewn drama neu ffilm

actores *hon* (actoresau) merch neu wraig sy'n cymryd rhan mewn drama neu ffilm

adar *hyn* lluosog **aderyn**

adeiladwr *hwn* (adeiladwyr) rhywun sy'n codi ac yn trwsio tai ac adeiladau

aderyn *hwn* (adar) anifail ag adenydd, plu, a phig

addurn *hwn* (addurniadau) rhywbeth tlws i wneud rhywun neu rywbeth yn fwy hardd

afal *hwn* (afalau) ffrwyth crwn, caled y goeden afalau

afon *hon* (afonydd) llif o ddŵr sy'n croesi'r tir i gyrraedd y môr

agos *a* gair i ddisgrifio rhywun neu rywbeth sydd ddim yn bell mor agos; mwy agos (agosach); mwyaf agos (agosaf)

angel *hwn* (angylion) un sy'n cario negeseuon Duw

angenfilod *hyn* lluosog **anghenfil**

anghenfil *hwn* (angenfilod) anifail mawr, sy'n codi ofn ar bobl mewn straeon

angladd *hwn* (angladdau) gwasanaeth i rywun sydd wedi marw

angor *hwn* (angorau) darn mawr o ddur ar ben cadwyn i gadw llong yn ei lle

angylion *hyn* lluosog **angel**

alarch *hwn* (elyrch) aderyn mawr gwyn â gwddf hir sy'n nofio ar lyn neu afon

allwedd *hon* (allweddi) darn o fetel sy'n gallu agor a chloi clo

a
b
c
ch
d
dd
e
f
ff
g
ng
h
i
j
l
ll
m
n
o
p
ph
r
rh
s
t
th
u
w
y

ambiwlans *hwn* fan arbennig sy'n mynd â phobl i'r ysbyty

amlen *hon* (amlenni) math o fag papur, fflat i ddal llythyr

amlenni *hyn* lluosog **amlen**

amser *hwn* (amserau)
1 peth sy'n cael ei fesur gan gloc fel eiliadau, munudau ac oriau
2 adeg arbennig yn ystod y diwrnod neu'r flwyddyn

anifail *hwn* (anifeiliaid) rhywbeth byw sy'n gallu symud o le i le

anifeiliaid *hyn* lluosog **anifail**

anniben *a* gair i ddisgrifio rhywbeth sydd dros y lle i gyd; blêr
mor anniben; **mwy anniben; mwyaf anniben**

annwyd *hwn* (anwydau) salwch sy'n gwneud i'ch trwyn redeg ac yn gwneud i chi disian

annwyl *a* gair i ddisgrifio rhywun neu rywbeth yr ydych yn hoff iawn ohono
mor annwyl; **mwy annwyl; mwyaf annwyl**

anodd *a* gair i ddisgrifio rhywbeth sydd ddim yn hawdd
mor anodd; **mwy anodd; mwyaf anodd**

anrheg *hon* (anrhegion) rhywbeth yr ydych yn ei roi i rywun am ddim

anwydau *hyn* lluosog **annwyd**

araf *a* gair i ddisgrifio rhywun neu rywbeth sy'n cymryd mwy o amser nag arfer i wneud rhywbeth
mor araf; **mwy araf; mwyaf araf**

arian *hwn*
1 y papurau a'r darnau metel sy'n cael eu defnyddio i dalu am bethau
2 metel drud iawn sy'n cael ei ddefnyddio i wneud modrwyau ac addurniadau

a b c ch d dd e f ff g ng h i j l ll m n o p ph r rh s t th u w y

arlunwyr *hyn* lluosog
arlunydd

arlunydd *hwn* (arlunwyr)
rhywun sy'n tynnu lluniau â
phensil neu baent

arth *hon* (eirth) anifail mawr â
chot flewog, drwchus

asgwrn *hwn* (esgyrn) un o'r
darnau caled yr ydych
yn gallu ei deimlo o dan
eich croen

athrawes *hon* (athrawesau)
menyw sy'n dysgu rhywun i
wneud rhywbeth

athrawon *hyn* lluosog **athro**

athro *hwn* (athrawon) dyn sy'n
dysgu rhywun i wneud
rhywbeth

aur *hwn* metel melyn, disglair,
gwerthfawr iawn

awr *hon* (oriau) chwe deg
munud

Awst *hwn* wythfed mis y
flwyddyn; mae ganddo dri
deg un (31) diwrnod

awyr *hon* y lle uwchben y
Ddaear lle mae'r Haul a'r sêr

awyren *hon* (awyrennau)
peiriant ag adenydd sy'n
gallu hedfan

awyrennau *hyn* lluosog
awyren

Os nad yw'r gair i'w weld
dan '**A**' mewn geiriadur, gall
fod yn dreiglad gair sy'n
dechrau ag '**G**', er enghraifft:
yr **a**rdd; dwy **a**fr.

baban *hwn* (babanod) plentyn
ifanc iawn; babi

babi *hwn* (babis) plentyn ifanc
iawn; baban

bach *a* gair i ddisgrifio rhywun
neu rywbeth sydd ddim yn
fawr neu mor fawr ag y
byddwch yn ei ddisgwyl
mor fach; llai; lleiaf

bachgen *hwn* (bechgyn)
plentyn cyn iddo dyfu'n ddyn

bag *hwn* (bagiau) rhywbeth i
ddal pethau er mwyn eu cario

12

balŵn *hwn* (balwnau)
1 pelen o rwber lliw y gallwch ei chwyddo ag aer
2 pelen fawr iawn wedi'i llenwi â nwy neu awyr poeth er mwyn iddi hedfan a chario pobl mewn basged

balwnau *hyn* lluosog **balŵn**

banana *hon* (bananas) ffrwyth hir, melyn â chroen tew

bara *hwn* bwyd sydd wedi cael ei bobi'n dorth

barcud *hwn* (barcutiaid)
1 tegan ysgafn a phapur neu ddefnydd drosto sy'n cael ei hedfan yn y gwynt ar ben darn hir o gortyn
2 aderyn mawr coch â chynffon fel gwennol

barcutiaid *hyn* lluosog **barcud**

bardd *hwn* (beirdd) rhywun sy'n ysgrifennu barddoniaeth

basged *hon* (basgedi) rhywbeth wedi'i wneud o ddarnau o bren neu o fetel neu o blastig i gario pethau

bat *hwn* (batiau) darn o bren i fwrw pêl mewn gêmau

bath *hwn* rhywbeth yr ydych chi'n gallu ei lenwi â dŵr ac eistedd ynddo i ymolchi

baw *hwn* llwch, mwd, neu dom anifail

bawd *hwn* (bodiau) y bys byr, tew ar ochr eich llaw neu eich troed

bechgyn *hyn* lluosog **bachgen**

beic *hwn* (beiciau) peiriant â dwy neu dair olwyn yr ydych chi'n eistedd arno i fynd o un lle i'r llall

beirdd *hyn* lluosog **bardd**

belt *hon* (beltiau) stribed o ddefnydd cryf sy'n gallu cael ei glymu o gwmpas eich canol

a b c ch d dd e f ff g ng h i j l ll m n o p ph r rh s t th u w y

ber *a* ffurf ar **byr** sy'n disgrifio enw benywaidd

---

berfa *hon* (berfâu) cert bach ag olwyn ar un pen a breichiau ar y pen arall er mwyn symud pethau o un lle i'r llall; whilber

---

berfâu *hyn* lluosog **berfa**

---

bin *hwn* (biniau) bocs neu ddrwm mawr â chlawr i ddal pethau

---

blaidd *hwn* (bleiddiaid) anifail gwyllt tebyg i gi mawr

---

blanced *hon* (blancedi) defnydd trwchus, meddal, i'w roi ar wely

---

blawd *hwn* powdr gwyn wedi'i wneud o ŷd sy'n cael ei ddefnyddio i wneud bara a theisennau

---

bleiddiaid *hyn* lluosog **blaidd**

---

blêr *a* gair i ddisgrifio rhywbeth sydd dros y lle i gyd; anniben
mor flêr; mwy blêr; mwyaf blêr

---

blew *hyn* y gwallt meddal sy'n cuddio corff rhai anifeiliaid

---

blewyn *hon* un darn o flew [**blew**]

---

bloc *hwn* (blociau) darn tew o rywbeth caled

---

blodau *hyn* lluosog **blodyn**

---

blodyn *hwn* (blodau) y rhan o blanhigyn sydd â phetalau a lle mae'r hadau'n tyfu

---

blwch *hwn* (blychau) rhywbeth sgwâr neu betryal (â chlawr fel arfer) i ddal pethau; bocs

---

blychau *hyn* lluosog **blwch**

---

bocs *hwn* (bocsys) rhywbeth sgwâr neu betryal (â chlawr fel arfer) i ddal pethau; blwch

---

boch *hon* (bochau) ochr eich wyneb dan y llygad

---

bochdew *hwn* math o lygoden flewog â chynffon byr a bochau mawr

bodiau *hyn* lluosog **bawd**

bol:bola *hwn* (boliau) y man yng nghanol eich corff lle y mae bwyd yn mynd

botwm *hwn* (botymau) darn bach crwn, caled, fel arfer, sy'n cau crys neu got

botymau *hyn* lluosog **botwm**

braich *hon* (breichiau) y rhan o'ch corff rhwng eich ysgwydd a'ch llaw

brain *hyn* lluosog **brân**

brân *hon* (brain) aderyn mawr, du

brawd *hwn* (brodyr) dyn neu fachgen sydd â'r un rhieni â rhywun

brecwast *hwn* (brecwastau) pryd bwyd cyntaf y dydd

brechdan *hon* (brechdanau)
1 rhywbeth blasus rhwng dau ddarn o fara
2 darn o fara menyn (gair sy'n cael ei ddefnyddio yn y Gogledd fel arfer)

breichiau *hyn* lluosog **braich**

broga *hwn* (brogaod) anifail bach â chroen llyfn, llaith sy'n gallu nofio a sboncio

brown *a* gair i ddisgrifio lliw pridd neu bren
mor frown; mwy brown; mwyaf brown

brwnt *a* gair i ddisgrifio rhywun neu rywbeth a baw drosto; budr
mor frwnt; mwy brwnt; mwyaf brwnt

brwsh *hwn* (brwshys) teclyn sy'n cael ei ddefnyddio i lanhau a thwtio neu i beintio pethau

bryn *hwn* (bryniau) darn o dir sy'n uwch na'r tir o'i gwmpas

buchod *hyn* lluosog **buwch**

buchod coch cwta *hyn* lluosog **buwch goch gota**

budr *a* gair i ddisgrifio rhywun neu rywbeth a baw drosto; brwnt
mor fudr; mwy budr; mwyaf budr

buwch *hon* (buchod) anifail mawr y mae ffermwyr yn ei gadw am ei laeth a'i gig

buwch goch gota *hon* (buchod coch cwta) pryfyn â chorff coch neu felyn a smotiau du drosto sy'n gallu hedfan

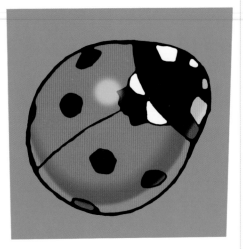

bwced *hwn* (bwcedi) drwm bach o fetel neu blastig â dolen, i gario dŵr, tywod ac ati

bwrdd *hwn* (byrddau)
1 darn o ddodrefn â thop gwastad a choesau; bord
2 darn fflat o bren sy'n cael ei ddefnyddio at bwrpas arbennig

bwrdd du *hwn* bwrdd ag wyneb du y gall rhywun (athro fel arfer) ysgrifennu arno fel bod pawb yn gallu'i weld

bwrdd gwyn *hwn* math o sgrin ar gyfer dangos lluniau neu ysgrifennu arno

bws *hwn* (bysiau) math o gerbyd mawr sy'n gallu cario pobl o un lle i'r llall

bwyd *hwn* (bwydydd) rhywbeth i'w fwyta sy'n eich helpu chi i dyfu a chadw'n iach

byr *a* gair i ddisgrifio rhywbeth sydd ddim yn hir neu rywun sydd ddim yn dal; **ber** yw'r ffurf ar **byr** sy'n disgrifio enw benywaidd
mor fyr; byrrach; byrraf

byrddau *hyn* lluosog **bwrdd**

byrrach *a* mwy **byr**

byrraf *a* mwyaf **byr**

bys *hwn* (bysedd) un o'r pump rhan ar flaen eich llaw

bysiau *hyn* lluosog **bws**

Os nad yw'r gair i'w weld dan '**B**' mewn geiriadur, gall fod yn dreiglad gair sy'n dechrau â '**P**', er enghraifft: *un **b**abell, dau **b**alas, dwy **b**êl.*

C c

cacen *hon* (cacennau) bwyd melys wedi'i wneud o flawd, menyn, wyau a siwgr wedi'u coginio; teisen

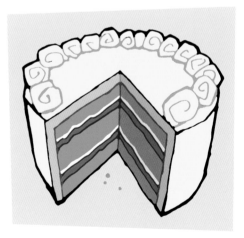

cacennau *hyn* lluosog **cacen**

cadair *hon* (cadeiriau) rhywbeth i un person eistedd arno

cadeiriau *hyn* lluosog **cadair**

cadno *hwn* (cadnoid) anifail gwyllt sy'n debyg i gi â blew coch a chynffon hir; llwynog

cae *hwn* (caeau) darn o dir a ffens neu glawdd o'i gwmpas

caffi *hwn* rhywle y gallwch chi brynu bwyd a diod i'w bwyta a'u hyfed yno

caled *a* gair i ddisgrifio rhywbeth anodd gwneud twll ynddo neu'i blygu
mor galed; caletach; caletaf

caletach *a* mwy **caled**

caletaf *a* mwyaf **caled**

camel *hwn* (camelod) anifail mawr a naill ai un neu ddau grwmp ar ei gefn

camera *hwn* (camerâu) dyfais i dynnu ffotograffau

cân *hon* (caneuon) darn o gerddoriaeth gyda geiriau i'w canu

a b c ch d dd e f ff g ng h i j l ll m n o p ph r rh s t th u w y

caneuon *hyn* lluosog **cân**

cangarŵ *hwn* (cangarŵod) anifail mawr sy'n byw yn Awstralia; mae'n neidio o un lle i'r llall

canhwyllau *hyn* lluosog **cannwyll**

cannwyll *hon* (canhwyllau) bys hir o gŵyr a chortyn drwy ei ganol y gallwch ei gynnau i gael golau

canŵ *hwn* (canŵs) cwch hir, ysgafn, yr ydych yn ei symud â rhwyf

cap *hwn* (capiau) het ysgafn â phig

capel *hwn* (capeli) adeilad lle mae pobl yn mynd i addoli

car *hwn* (ceir) peiriant yr ydych chi'n gallu eistedd ynddo a'i yrru

carafán *hon* (carafannau) math o dŷ ar olwynion sy'n gallu cael ei dynnu o le i le gan gar neu lorri

cardiau *hyn* lluosog **cerdyn**

caredig *a* gair i ddisgrifio rhywun llawn cariad tuag at bobl
mor garedig; mwy caredig; mwyaf caredig

carped *hwn* (carpedi) math o fat trwchus i gerdded arno

carreg *hon* (cerrig) darn bach o graig

cart *hwn* (certi) math o focs mawr ar olwynion i geffyl gael ei dynnu; cert; trol

carw *hwn* (ceirw) anifail mawr gwyllt sy'n enwog am ei gyrn mawr ac am ei gyflymdra

cas *a* gair i ddisgrifio:
1 rhywun blin, crac sydd heb fod yn garedig
2 rhywbeth sy'n gallu gwneud drwg i chi

a
b
c
ch
d
dd
e
f
ff
g
ng
h
i
j
l
ll
m
n
o
p
ph
r
rh
s
t
th
u
w
y

mor gas; mwy cas; mwyaf cas

---

caseg eira *hon* (cesig eira) pelen eira sy'n mynd yn fwy wrth ei rholio yn yr eira

---

castell *hwn* (cestyll) hen adeilad mawr, cryf â waliau trwchus i gadw pobl yn ddiogel

---

cath *hon* (cathod) anifail bach â chot o ffwr sy'n canu grwndi

---

cawod *hon* (cawodydd) cyfnod byr o law neu eira

---

cawr *hwn* (cewri) rhywun mawr iawn y mae sôn amdano mewn straeon

---

caws *hwn* bwyd wedi'i wneud o laeth sydd wedi cael ei droi a'i droi nes mynd yn galed

---

cefn *hwn* (cefnau)
1 y rhan o'ch corff rhwng eich gwddf a'ch pen-ôl
2 tu ôl rhywbeth, nid tu blaen

---

cefnder *hwn* (cefndryd) mab eich ewythr neu eich modryb

---

cefndryd *hyn* lluosog **cefnder**

---

ceffyl *hwn* (ceffylau) anifail â mwng, carnau a chynffon sy'n gallu cario pobl a thynnu pethau

---

ceffylau bach *hyn* reid mewn ffair lle gallwch chi eistedd ar gefn ceffyl pren neu blastig a mynd rownd a rownd a lan a lawr

---

ceg *hon* (cegau) y rhan o'ch wyneb yr ydych yn ei defnyddio i siarad ac i fwyta

---

cegin *hon* (ceginau) ystafell lle mae bwyd yn cael ei baratoi

---

ceiniog *hon* (ceiniogau) darn o arian y mae cant ohonyn nhw yn gwneud punt

---

ceirw *hyn* lluosog **carw**

---

celfi *hyn* dodrefn tŷ fel cadeiriau, byrddau, cypyrddau ac yn y blaen

---

a b c ch d dd e f ff g ng h i j l ll m n o p ph r rh s t th u w y

celyn

celyn *hyn* coed â dail pigog ac aeron coch

cenhinen *hon* (cennin) planhigyn â choes gwyn hir a dail gwyrdd sy'n blasu fel nionyn neu winwnsyn

cenllysg *hyn* glaw wedi'i rewi'n ddarnau bach o iâ; cesair

cennin *hyn* lluosog **cenhinen**

cerdyn *hwn* (cardiau)
  1 darn fflat o bapur cryf; yr ydych yn gallu ysgrifennu ar rai mathau, fel cerdyn Nadolig
  2 darn o bapur cryf sy'n un o set ar gyfer chwarae gêmau, fel cardiau snap

cerddor *hwn* (cerddorion) rhywun sy'n cyfansoddi neu'n perfformio cerddoriaeth

cert *hon* (certi) gair arall am trol neu gart [**cart**]

cesair *hyn* glaw wedi'i rewi'n ddarnau bach o iâ; cenllysg

ci *hwn* (cŵn) anifail cyffredin sy'n cyfarth

ciniawau *hyn* lluosog **cinio**

cinio *hwn* (ciniawau) prif bryd bwyd y dydd

clawdd *hwn* (cloddiau) math o wal o goed sy'n tyfu i mewn i'w gilydd

clawr *hwn* (cloriau)
  1 rhywbeth sy'n gorwedd ar neu dros rywbeth, a'i guddio; caead, gorchudd
  2 rhan allanol llyfr neu gylchgrawn sy'n fwy trwchus na'r tudalennau eraill

cledrau *hyn* y ddwy res o ddarnau haearn mae trenau yn rhedeg arnyn nhw

clo *hwn* (cloeon) dyfais i gau drws, gât neu focs yn dynn, ac sy'n cael ei chloi a'i hagor gan allwedd neu agoriad

cloc *hwn* (clociau) dyfais sy'n dweud yr amser

cloch *hon* (clychau) math o gwpan metel sy'n canu pan gaiff ei daro

cloddiau *hyn* lluosog **clawdd**

clorian *hon* (cloriannau) teclyn pwyso pethau

cloriannau *hyn* lluosog **clorian**

cloriau *hyn* lluosog **clawr**

clown *hwn* (clowniaid) rhywun doniol mewn syrcas sy'n gwisgo dillad rhyfedd ac yn lliwio'i wyneb

clust *hon* (clustiau) y rhan o'ch corff yr ydych yn ei defnyddio i glywed

clustog *hon* (clustogau) bag sy'n llawn o ddefnydd meddal ac

sy'n gyfforddus i eistedd arno neu i bwyso yn ei erbyn

clwyd *hon* (clwydi) math o ddrws mewn clawdd neu wal

clychau *hyn* lluosog **cloch**

clymau *hyn* lluosog **cwlwm**

cnau *hyn* lluosog **cneuen**

cneuen *hon* (cnau) math o ffrwyth yr ydych yn ei fwyta ar ôl tynnu ei blisgyn caled i ffwrdd

coch *a* gair i ddisgrifio lliw gwaed
mor goch; mwy coch, mwyaf coch

coed *hyn* lluosog **coeden**

coeden *hon* (coed) planhigyn tal gyda dail, canghennau a boncyff pren trwchus

coes[1] *hon* (coesau) y rhan o'i gorff mae anifail a pherson yn ei defnyddio i redeg i gerdded neu i sefyll arni

coes[2] *hwn* (coesau) un o'r darnau syth sy'n dal cadair neu fwrdd

a b c ch d dd e f ff g ng h i j l ll m n o p ph r rh s t th u w y

côn *hwn* (conau) siâp â gwaelod crwn yn mynd yn llai nes mynd yn bigyn ar ei ben, fel côn hufen iâ

consuriwr *hwn* (consurwyr) rhywun sy'n gallu gwneud triciau sy'n twyllo'r llygaid

consurwyr *hyn* lluosog **consuriwr**

corff *hwn* (cyrff)
1 pob rhan y gallwch ei gweld neu gyffwrdd o ddyn neu anifail
2 rhywun sydd wedi marw

cornel *hon* (corneli) y man y mae dwy ochr neu ddwy stryd yn dod at ei gilydd

corryn *hwn* (corynnod) creadur bach ag wyth coes sy'n gwau gwe i ddal pryfed; pryf copyn

cortyn *hwn* (cortynnau) rhaff denau i glymu pethau

corynnod *hyn* lluosog **corryn**

cot *hon* (cotiau) darn o ddillad â llewys hir yr ydych chi'n ei wisgo dros ddillad eraill i gadw'n gynnes

crafangau *hyn* lluosog **crafanc**

crafanc *hon* (crafangau) un o'r ewinedd cryf, siarp sydd ar draed rhai adar ac anifeiliaid

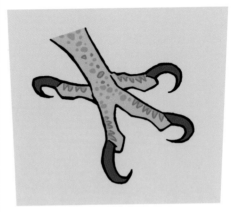

cragen *hon* (cregyn) peth caled sy'n amddiffyn corff rhai anifeiliaid fel y falwoden a'r cranc

craig *hon* (creigiau) peth mawr iawn a chaled sy'n rhan o'r mynyddoedd a'r ddaear

cranc *hwn* (crancod) anifail ag wyth coes, cragen a dwy grafanc, sy'n byw yn y môr neu ar lan y môr

cref *a* ffurf ar **cryf** sy'n disgrifio enw benywaidd

cregyn *hyn* lluosog **cragen**

creigiau *hyn* lluosog **craig**

creision *hyn* darnau tenau o fwyd, tatws fel arfer, wedi'u coginio

crempog *hon* (crempogau) math o deisen wedi'i ffrio sy'n cynnwys blawd, llaeth ac wyau

crib *hwn* (cribau) rhywbeth â rhes o ddannedd plastig neu fetel i gribo'ch gwallt neu flew anifail

criced *hwn* gêm i ddau dîm sy'n cael ei chware gyda dau fat, dwy wiced a phêl galed

crocodeil *hwn* (crocodeiliaid neu crocodeilod) anifail mawr sy'n byw yn afonydd rhai o wledydd poeth y byd; mae ganddo goesau byr, corff hir a dannedd miniog

croes *hon* (croesau) siâp † neu **x**

croesfan *hon* (croesfannau) lle diogel i groesi heol, rheilffordd neu afon

croesfannau *hyn* lluosog **croesfan**

crud *hwn* gwely babi

cron *a* ffurf ar **crwn** sy'n disgrifio enw benywaidd

crwban *hwn* (crwbanod) anifail â phedair troed a chragen fawr dros ei gorff, sy'n symud yn araf iawn

crwn *a* gair i ddisgrifio rhywbeth tebyg i siâp pêl; **cron** yw'r ffurf ar crwn sy'n disgrifio enw benywaidd
mor grwn; mwy crwn; mwyaf crwn

cryf *a* gair i ddisgrifio:
1 rhywun neu rywbeth sy'n gallu codi pethau trwm
2 rhywbeth sydd ddim yn torri'n hawdd
mor gryf; cryfach; cryfaf

crys *hwn* (crysau) darn ysgafn o ddillad yr ydych chi'n ei wisgo ar ran uchaf y corff

cwch *hwn* (cychod) peth sy'n gallu symud pobl a phethau dros wyneb y dŵr

a
b
c
ch
d
dd
e
f
ff
g
ng
h
i
j
l
ll
m
n
o
p
ph
r
rh
s
t
th
u
w
y

cwlwm *hwn* (clymau) ffordd o gysylltu pethau at ei gilydd

cwmwl *hwn* (cymylau) y peth gwyn, llwyd neu ddu sydd i'w weld yn uchel yn yr awyr

cŵn *hyn* lluosog **ci**

cwningen *hon* (cwningod) anifail â chot o ffwr a chlustiau hir sy'n byw mewn twll yn y ddaear

cwpan *hwn* (cwpanau) powlen fach â dolen i chi yfed ohoni

cwpanaid *hwn* (cwpaneidiau) llond cwpan

cwpaneidiau *hyn* lluosog **cwpanaid**

cwpwrdd *hwn* (cypyrddau) darn o ddodrefn â drws a silffoedd i gadw pethau ynddo

cwstard *hwn* saws tew, melyn, melys

cwt *hwn*
1 (cytau) cynffon
2 (cytiau) sied i gadw anifeiliaid fel cŵn, moch neu ieir

3 (cytau) briw neu ddolur ar groen

cychod *hyn* lluosog **cwch**

cyfaill *hwn* (cyfeillion) rhywun yr ydych chi'n hoff o'i gwmni; ffrind

cyfeillion *hyn* lluosog **cyfaill**

cyflym *a* gair i ddisgrifio hywun neu rywbeth sy'n gwneud rhywbeth mewn ychydig iawn o amser
mor gyflym; mwy cyflym; **mwyaf cyflym**

cyfnither *hon* (cyfnitheroedd) merch eich ewythr neu fodryb

cyfrifiadur *hwn* (cyfrifiaduron) peiriant sy'n cadw gwybodaeth a'i dangos ar sgrin

cylch *hwn* (cylchoedd) siâp crwn olwyn neu ddarn o arian fel ceiniog neu bunt

cyllell *hon* (cyllyll) rhywbeth â llafn hir, siarp i dorri pethau

cyllyll *hyn* lluosog **cyllell**

cymylau *hyn* lluosog **cwmwl**

cynnes *a* gair i ddisgrifio rhywbeth sydd ddim yn rhy dwym neu boeth
mor gynnes; **mwy cynnes; mwyaf cynnes**

cyntaf *a* gair i ddisgrifio rhywun neu rywbeth sydd o flaen pawb a phopeth arall

cypyrddau *hyn* lluosog **cwpwrdd**

cyrff *hyn* lluosog **corff**

cysgod *hwn* (cysgodion) y siâp tywyll sy'n digwydd pan fydd rhywbeth yn dod rhwng y golau a wyneb fflat, ar wal neu iard

cystal *a* gair i ddisgrifio rhywun neu rywbeth sydd yr un mor dda â rhywun neu rywbeth arall [**da**]

cyw *hwn* (cywion) aderyn ifanc

Ch ch

chwaer *hon* (chwiorydd) merch neu wraig sydd â'r un rhieni â rhywun arall

chwe: chwech *rhifol* y rhif 6

Chwefror *hwn* ail fis y flwyddyn; mae ganddo ddau ddeg wyth (28) diwrnod heblaw mewn blwyddyn naid pan fydd ganddo ddau ddeg naw (29) diwrnod

chwiban *hwn* peth sy'n gwneud sŵn uchel pan fyddwch yn ei chwythu

a
b
c
ch
d
dd
e
f
ff
g
ng
h
i
j
l
ll
m
n
o
p
ph
r
rh
s
t
th
u
w
y

chwiorydd *hyn* lluosog **chwaer**

chwyddwydr *hwn* (chwyddwydrau) darn o wydr sy'n gwneud i bethau edrych yn fwy

chwyrligwgan *hwn* tegan; top lliwgar sy'n troi

Os nad yw'r gair i'w weld dan 'Ch' mewn geiriadur, gall fod yn dreiglad gair sy'n dechrau â 'C', er enghraifft: ei **ch**ath hi; chwe **ch**einiog.

D d

da[1] *a* gair i ddisgrifio:
1 rhywbeth mae pobl yn hoffi ac yn ei ganmol
2 rhywun caredig a gwir
3 rhywun neu rywbeth sy'n gwrando a heb fod yn ddrwg
mor dda (cystal); **gwell; gorau**

da[2] *hyn* gwartheg; lluosog **buwch**

daear *hon* y pridd y mae blodau a llysiau yn tyfu ynddo

Daear *hon* **y Ddaear** yw enw'r blaned yr ydym ni i gyd yn byw arni

dafad *hon* (defaid) anifail fferm â chot o wlân

dagrau *hyn* lluosog **deigryn**

dail *hyn* lluosog **deilen**

dannedd *hyn* lluosog **dant**

dant *hwn* (dannedd) un o'r darnau gwyn caled i gnoi bwyd yn eich ceg

a b c **ch** d dd e f ff g ng h i j l ll m n o p ph r rh s t th u w y

dant y llew *hwn* blodyn gwyllt melyn, cyffredin sy'n troi'n belen ysgafn yn llawn hadau

dau *rhifol* y rhif 2

dau ar bymtheg *rhifol* y rhif 17 wrth sôn am rywbeth gwrywaidd

defaid *hyn* lluosog **dafad**

deg *rhifol* y rhif 10

deigryn *hwn* (dagrau) y diferyn o ddŵr sy'n dod o'ch llygad pan fyddwch yn llefain

deilen *hon* (dail) un o'r darnau gwyrdd, gwastad sy'n tyfu ar goed a phlanhigion eraill

deintydd *hwn* (deintyddion) rhywun sy'n gofalu am eich dannedd

desg *hon* (desgiau) bwrdd i eistedd wrtho a gweithio

deuddeg *rhifol* y rhif 12

deunaw *rhifol* y rhif 18

diffoddwr tân *hwn* (diffoddwyr tân) un o grŵp o bobl sy'n gweithio gyda'i gilydd i ddiffodd tân; dyn tân

diffoddwyr tân *hyn* lluosog **diffoddwr tân**

dillad *hyn* pethau yr ydych chi'n eu gwisgo, fel crys, cot, neu het

dinosor *hwn* (dinosoriaid) anifail mawr iawn sydd ddim yn bod erbyn heddiw

diod *hon* (diodydd) rhywbeth i'w yfed

disglair *a* gair i ddisgrifio rhywbeth sy'n disgleirio mor ddisglair; mwy disglair; mwyaf disglair

distaw *a* gair i ddisgrifio:
1 rhywun neu rywbeth sydd ddim yn gwneud swn
2 rhywbeth tawel neu isel
mor ddistaw; mwy distaw; mwyaf distaw

doctor *hwn* (doctoriaid) rhywun sy'n gwella pobl; meddyg

dol: doli *hon* (doliau) tegan sy'n edrych fel person

dolffin *hwn* (dolffiniaid) anifail y môr â thrwyn hir; mae'n perthyn i'r morfil ond mae'n llawer iawn yn llai o faint na hwnnw

draenog *hwn* (draenogod) anifail bach a chot o nodwyddau dros ei gorff

draig *hon* (dreigiau) anifail mewn straeon sy'n gallu hedfan a chwythu tân

dreigiau *hyn* lluosog **draig**

drwg *a* gair i ddisgrifio:
1 rhywun neu rywbeth nad yw pobl yn ei hoffi
2 rhywbeth neu rywun sydd ddim yn dda
mor ddrwg; mwy drwg (gwaeth); mwyaf drwg

drws *hwn* (drysau) y peth sy'n agor a chau y ffordd i mewn i rywle neu rywbeth

drych *hwn* (drychau) darn o wydr yr ydych chi'n gallu'ch gweld eich hun ynddo

drysau *hyn* lluosog **drws**

du *a* gair i ddisgrifio lliw'r awyr yn y nos
mor ddu; mwy du; mwyaf du

dwfn *a* gair i ddisgrifio rhywbeth sydd ymhell o dan yr wyneb
mor ddwfn; mwy dwfn; mwyaf dwfn

dŵr *hwn* rhywbeth sy'n disgyn fel glaw ac sy'n llifo mewn afonydd

dwy *rhifol* y rhif 2 wrth sôn am rywbeth benywaidd

dwy ar bymtheg *rhifol* y rhif 17 wrth sôn am rywbeth benywaidd

dwylo *hyn* lluosog **llaw**

dyfais *hon* (dyfeisiadau) rhywbeth sydd wedi cael ei greu gan rywun i wneud rhyw waith arbennig

dyfeisiadau *hyn* lluosog **dyfais**

dyn *hwn* (dynion) bachgen ar ôl iddo dyfu'n oedolyn; gwryw; gŵr

dyn eira *hwn* (dynion eira) dyn wedi'i wneud o eira

dynes *hon* merch ar ôl iddi dyfu'n oedolyn; menyw; gwraig

Os nad yw'r gair i'w weld dan 'D' mewn geiriadur, gall fod yn dreiglad gair sy'n dechrau â 'T', er enghraifft: *un* **d**elyn, *dau* **d**ractor, *dwy* **d**orth.

Dd dd

Os nad yw'r gair i'w weld dan 'Dd' mewn geiriadur, gall fod yn dreiglad gair sy'n dechrau â 'D', er enghraifft: *un* **dd**afad, *dau* **dd**octor, *dwy* **dd**raig.

E e

ebol *hwn* (ebolion) ceffyl ifanc

Ebrill *hwn* pedwerydd mis y flwyddyn; mae ganddo dri deg (30) diwrnod

eglwys *hon* (eglwysi) adeilad lle mae pobl yn mynd i addoli Duw

eira *hwn* plu bach gwyn, ysgafn, sy'n disgyn o'r awyr pan fydd y tywydd yn oer iawn

eirlys *hwn* (eirlysiau) blodyn bach gwyn sy'n blodeuo ym mis Ionawr a mis Chwefror

eisteddfod *hon* (eisteddfodau) lle mae pobl yn cystadlu ar bethau fel canu, llefaru ac ysgrifennu barddoniaeth

eli *hwn* peth tebyg i hufen yr ydych chi'n ei rwbio ar y croen i wella dolur neu friw

eliffant *hwn* (eliffantod) anifail mawr, llwyd â thrwnc (trwyn hir)

a
b
c
ch
d
dd
e
f
ff
g
ng
h
i
j
l
ll
m
n
o
p
ph
r
rh
s
t
th
u
w
y

enfys *hon* (enfysau) y bwa o liwiau gwahanol sy'n digwydd pan fydd yr haul yn disgleirio drwy'r glaw

eryr *hwn* (eryrod) aderyn mawr sy'n bwyta anifeiliaid bach

esgid *hon* (esgidiau) peth i wisgo am eich troed i allu cerdded yn gyfforddus

ewythr *hwn* gŵr eich modryb, brawd un o'ch rhieni

Os nad yw'r gair i'w weld dan 'E' mewn geiriadur, gall fod yn dreiglad gair sy'n dechrau â 'G', er enghraifft: *dwy em, yr ardd.*

F f

fan *hon* (faniau) math o lorri fach a tho drosto i gario pethau

feiolin *hon* (feiolinau) offeryn cerdd o bren sy'n cael ei ganu drwy dynnu bwa ar draws llinynnau

fer *a* gweler **byr**

ficer *hwn* (ficeriaid) y dyn neu fenyw sy'n gofalu am y gwasanaethau mewn eglwys

finegr *hwn* math o win sur sy'n cael ei arllwys dros fwyd er mwyn gwella'i flas

Os nad yw'r gair i'w weld dan 'F' mewn geiriadur, gall fod yn dreiglad gair sy'n dechrau â 'B', er enghraifft, un frân, dau frawd, dwy fraich, neu 'M', er enghraifft: *un ferch, dau fab, dwy fam.*

Ff ff

ffair *hon* (ffeiriau) lle yn yr awyr agored gyda stondinau a phethau i reidio arnyn nhw

ffatri *hon* (ffatrïoedd) adeilad lle mae pobl yn defnyddio peiriannau i wneud pethau

ffatrïoedd *hyn* lluosog **ffatri**

ffedog *hon* (ffedogau) rhywbeth yr ydych chi'n ei wisgo i gadw'r dillad oddi tano'n lân

ffeiriau *hyn* lluosog **ffair**

ffenestr *hon* (ffenestri) darn o wydr mewn wal i adael golau drwyddo

ffens *hon* (ffensys) math o wal wedi'i gwneud o bren a weiren

ffêr *hon* (fferau) y rhan o'ch corff rhwng gwaelod eich coes a'ch troed; pigwrn

fferm *hon* (ffermydd) rhywle lle mae pobl yn tyfu bwyd ac yn cadw anifeiliaid

ffermwr *hwn* (ffermwyr) rhywun sy'n byw ac yn gweithio ar fferm

ffermwyr *hyn* lluosog **ffermwr**

ffilm *hon* (ffilmiau) lluniau symudol â sain, sy'n dweud stori

ffon *hon* (ffyn) darn hir, tenau o bren sy'n eich helpu chi i gerdded

ffôn *hwn* (ffonau) dyfais sy'n gadael i chi siarad â rhywun neu ddanfon neges destun at rywun sydd yn rhywle arall

fforc *hon* (ffyrc) peth a darnau miniog ar ei flaen i chi godi bwyd i'ch ceg

ffrog *hon* (ffrogiau) gwisg merch sy'n cyrraedd o'i hysgwyddau i'w choesau

ffrwyth *hwn* (ffrwythau) y rhan o blanhigyn lle mae'r hadau'n tyfu

ffwrn *hon* (ffyrnau) rhan o stôf lle y mae bwyd yn cael ei dwymo neu'i goginio; popty

ffyn *hyn* lluosog **ffon**

ffyrc *hyn* lluosog **fforc**

ffyrnau *hyn* lluosog **ffwrn**

a
b
c
ch
d
dd
e
f
ff
g
ng
h
i
j
l
ll
m
n
o
p
ph
r
rh
s
t
th
u
w
y

G g

gaeaf *hwn* (gaeafau) tymor oeraf y flwyddyn sy'n cynnwys mis Rhagfyr mis Ionawr a mis Chwefror

gafr *hon* (geifr) anifail fferm â chyrn bach a barf ac sy'n rhoi llaeth

gardd *hon* (gerddi) darn o dir ar gyfer tyfu blodau a llysiau

garddwrn *hwn* (garddyrnau) rhan gul y fraich nesaf at y llaw

garddyrnau *hyn* lluosog **garddwrn**

garej *hon*
1 adeilad lle mae car neu fws yn cael ei gadw
2 rhywle sy'n gwerthu petrol ac yn trwsio ceir

garw[1] *a* gair i ddisgrifio:
1 rhywun neu rywbeth sy'n galed a heb fod yn llyfn nac yn wastad
2 tywydd stormus a gwyntog
mor arw; mwy garw; mwyaf garw

gât *hon* (gatiau) math o ddrws mewn clawdd neu mewn wal

geifr *hyn* lluosog **gafr**

gem *hon* (gemau) math o garreg hardd a gwerthfawr

gêm *hon* (gêmau) math o chwarae sy'n dilyn rheolau arbennig

gitâr *hon* (gitarau) offeryn cerdd â llinynnau sy'n cael eu chwarae â'r bysedd

glan *hon* (glannau) tir yn ymyl llyn, afon neu'r môr

glân *a* gair i ddisgrifio rhywun neu rywbeth sydd ddim yn frwnt, sydd ddim yn fudr
mor lân; glanach; glanaf

glannau *hyn* lluosog **glan**

glas *a* gair i ddisgrifio lliw'r awyr ar ddiwrnod braf
mor las; mwy glas; mwyaf glas

glaw *hwn* (glawogydd) y diferion dŵr sy'n disgyn o'r awyr

glo *hwn* math o garreg ddu sy'n cael ei losgi er mwyn cael gwres

a
b
c
ch
d
dd
e
f
ff
g
ng
h
i
j
l
ll
m
n
o
p
ph
r
rh
s
t
th
u
w
y

glud *hwn* (gludion) peth i sticio pethau at ei gilydd

gofodwr *hwn* (gofodwyr) rhywun sy'n teithio i'r gofod

golau[1] *hwn* (goleuadau) y peth sy'n gadael i chi weld pethau

golau[2] *a* gair i ddisgrifio rhywbeth sydd ddim yn dywyll
mor olau; mwy golau; mwyaf golau

goleuadau *hyn* lluosog **golau**

gorau *a* gair i ddisgrifio rhywbeth sy'n well na phopeth arall [**da**]

Gorffennaf *hwn* seithfed mis y flwyddyn; mae ganddo dri deg un (31) diwrnod

gorila *hwn* math o fwnci mawr, cryf â breichiau hir ond dim cynffon

gorsaf *hon* (gorsafoedd)
1 yr adeilad arbennig lle mae pobl yn dal trên neu fws
2 adeilad sy'n gartref i blismyn, diffoddwyr tân neu weithwyr ambiwlans

grawnwin *hyn* ffrwythau bach, crwn, melys o liw gwyrdd neu borffor

gref *a* gweler **cref**

gris *hwn* (grisiau) math o silff yr ydych chi'n dringo arni

gron *a* gweler **cron**

gwaed *hwn* y peth coch sy'n symud drwy eich corff

gwaeth *a* gair i ddisgrifio rhywun neu rywbeth sy'n fwy **drwg**

gwaethaf *a* gair i ddisgrifio'r person neu'r peth mwyaf **drwg**

gwag *a* gair i ddisgrifio rhywbeth heb ddim byd ynddo neu arno
mor wag; mwy gwag; mwyaf gwag

gwair *hwn* porfa sych sy'n fwyd i anifeiliaid

a
b
c
ch
d
dd
e
f
ff
g
ng
h
i
j
l
ll
m
n
o
p
ph
r
rh
s
t
th
u
w
y

gwallt *hwn* y blew meddal sy'n tyfu ar ben person

gwan *a* gair i ddisgrifio rhywun neu rywbeth sydd heb fod yn gryf
mor wan; mwy gwan; mwyaf gwan

gwanwyn *hwn* (gwanwynau) y tymor sy'n dilyn y gaeaf pan fydd y tywydd yn dechrau cynhesu ac sy'n cynnwys mis Mawrth, mis Ebrill a mis Mai

gwddf *hwn* (gyddfau) y rhan honno o'r corff sy'n cysylltu'r pen â'r ysgwyddau

gwefus *hon* (gwefusau) un o ddau ymyl eich ceg

gweinidog *hwn* (gweinidogion)
1 rhywun pwysig yn y llywodraeth
2 rhywun sy'n gofalu am gapel

gwely *hwn* (gwelyau)
1 darn o ddodrefn i gysgu arno
2 y tir ar waelod afon neu'r môr

gwell *a* gair i ddisgrifio rhywun neu rywbeth sydd un cam ymlaen o fod yn dda [**da**]

gwen *a* ffurf ar **gwyn** sy'n disgrifio enw benywaidd

gwên *hon* (gwenau) siâp eich gwefusau sy'n dangos eich bod yn hapus

Gwener *hwn* chweched diwrnod yr wythnos, mae'n dilyn dydd Iau

gwenyn *hyn* lluosog **gwenynen**

gwenynen *hon* anifail bach iawn sy'n hedfan ac yn gwneud mêl

gwerdd *a* ffurf ar **gwyrdd** sy'n disgrifio enw benywaidd

gwin *hwn* (gwinoedd) diod wedi'i gwneud o rawnwin

a b c ch d dd e f ff **g** ng h i j l ll m n o p ph r rh s t th u w y

gwisg nofio *hon* (gwisgoedd nofio) y peth yr ydych chi'n ei wisgo i nofio

gwiwer *hon* (gwiwerod) anifail bach coch neu lwyd sy'n byw yn y coed ac sydd â chynffon hir, tew

gwlyb *a* gair i ddisgrifio:
1 rhywun neu rywbeth sydd ddim yn sych
2 y tywydd pan fydd hi'n bwrw glaw
mor wlyb; mwy gwlyb; mwyaf gwlyb

gŵn nos *hwn* peth y mae merch yn ei wisgo i gysgu ynddo

gŵr *hwn* (gwŷr)
1 dyn
2 dyn sydd wedi priodi

gwrach *hon* (gwrachod) menyw sy'n defnyddio hud a lledrith

gwragedd *hyn* lluosog **gwragedd**

gwraig *hon* (gwragedd)
1 menyw
2 menyw sydd wedi priodi

gwydr *hwn* (gwydrau) defnydd caled iawn yr ydych chi'n gallu gweld trwyddo

gŵydd *hon* (gwyddau) aderyn mawr sy'n cael ei fagu am ei gig a'i wyau

gwylan *hon* (gwylanod) aderyn â phig gryf sy'n hedfan, yn nofio ac yn byw ar lan y môr

gwyllt *a* gair i ddisgrifio rhywun neu rywbeth sydd ddim yn dawel nac yn llonydd
mor wyllt; mwy gwyllt; mwyaf gwyllt

gwyn *a* gair i ddisgrifio lliw eira; **gwen** yw'r ffurf ar gwyn sy'n disgrifio enw benywaidd
mor wyn; mwy gwyn; mwyaf gwyn

gwynt *hwn* aer sy'n symud yn gyflym

gwŷr *hyn* lluosog **gŵr**

gwyrdd *a* gair i ddisgrifio lliw porfa; **gwerdd** yw'r ffurff ar gwyrdd sy'n disgrifio enw benywaidd
mor wyrdd; mwy gwyrdd; mwyaf gwyrdd

gyddfau *hyn* lluosog **gwddf**

gyrrwr *hwn* (gyrwyr) y person sy'n gyrru car, bws, trên, lorri ac ati

gyrwyr *hyn* lluosog **gyrrwr**

Os nad yw'r gair i'w weld dan 'G' mewn geiriadur, gall fod yn dreiglad gair sy'n dechrau â 'C', er enghraifft: *un gath, dau gi, dwy goes.*

Ng ng

Os nad yw'r gair i'w weld dan 'Ng' mewn geiriadur, gall fod yn dreiglad gair sy'n dechrau â 'G', er enghraifft, fy **ng**wely, fy **ng**eiriadur, fy **ng**wddf. Os yw'r gair yn dechrau ag 'Ngh', mae'n dreiglad gair sy'n dechrau ag 'C', er enghraifft: fy **ng**hi, fy **ng**hath.

H h

haearn *hwn*
1 metel trwm, cryf
2 teclyn â gwaelod gwastad sy'n cael ei dwymo a'i ddefnyddio i smwddio dillad

haf *hwn* (hafau) y tymor rhwng y gwanwyn a'r hydref yn cynnwys mis Mehefin, mis Gorffennaf a mis Awst

halen *hwn* powdr gwyn sy'n cael ei roi ar fwyd i ychwanegu at y blas

hapus *a* gair i ddisgrifio rhywun llawen a bodlon
mor hapus; mwy hapus; mwyaf hapus

hardd *a* gair i ddisgrifio rhywun neu rywbeth hyfryd i edrych arno
mor hardd; mwy hardd; mwyaf hardd

haul *hwn* yr Haul yw enw'r seren sy'n goleuo a chynhesu'r Ddaear

hawdd *a* gair i ddisgrifio rhywbeth sydd ddim yn anodd
mor hawdd; mwy hawdd (haws); mwyaf hawdd

36

haws *a* rhywbeth sydd yn llai anodd na **hawdd**

heddwas *hwn* (heddweision) rhywun sy'n gofalu nad yw pobl yn gwneud pethau drwg fel dwyn ac ati; plismon

heddweision *hyn* lluosog **heddwas**

hen *a* gair i ddisgrifio:
1 rhywun neu rywbeth sydd wedi'i eni neu wedi'i wneud amser maith yn ôl
2 rhywun yr ydych chi'n ei adnabod ers llawer o amser, fel hen ffrind
mor hen; hynach (hŷn); hynaf

het *hon* (hetiau) rhywbeth yr ydych chi'n ei wisgo ar eich pen

heuliau *hyn* lluosog **haul**

hir *a* gair i ddisgrifio:
1 rhywbeth sy'n bell o un pen i'r llall
2 rhywbeth sy'n cymryd llawer o amser
mor hir; hirach; hiraf

hoelen *hon* (hoelion) darn o fetel â blaen miniog i ddal darnau o bren yn dynn yn ei gilydd

hofrennydd *hwn* (hofrenyddion) peiriant hedfan sy'n gallu codi'n syth i'r awyr a hedfan yn ei unfan

hofrenyddion *hyn* lluosog **hofrennydd**

hosan *hon* (hosanau: sanau) rhywbeth i chi wisgo am eich troed a thynnu lan eich coes

hufen iâ *hwn* bwyd oer, melys wedi'i wneud o laeth

hwyaden *hon* (hwyaid) aderyn pig lydan sy'n gallu nofio

hwyaid *hyn* lluosog **hwyaden**

hydref *hwn* (hydrefau) y tymor rhwng yr haf a'r gaeaf yn cynnwys mis Medi, mis Hydref a mis Tachwedd

a b c ch d dd e f ff g ng **h** i j l ll m n o p ph r rh s t th u w y

Hydref *hwn* degfed mis y flwyddyn; mae ganddo dri deg un (31) diwrnod

hyll *a* gair i ddisgrifio rhywun neu rywbeth sydd ddim yn hardd
mor hyll; mwy hyll; mwyaf hyll

hynach *a* gair i ddisgrifio rhywun neu rywbeth sydd wedi ei eni cyn rhywun neu rywbeth arall; mwy hen [**hen**]

hynaf *a* gair i ddisgrifio rhywun neu rywbeth sydd wedi ei eni gyntaf; y mwyaf hen [**hen**]

Os nad yw'r gair i'w weld dan '**H**' mewn geiriadur, gall fod yn dreiglad gair sy'n dechrau â'r llythyren sy'n ei **dd**ilyn, er enghraifft: ei **h**ystafell wely, ein **h**athrawes, eu **h**eliffantod.

I i

iâ *hwn* dŵr sydd wedi rhewi'n galed

iâr *hon* (ieir) yr aderyn sy'n dodwy'r wyau yr ydym yn eu bwyta

iâr fach yr haf *hon* (ieir bach yr haf) pryfyn ag adenydd mawr gwyn neu adenydd lliwgar; pili-pala

iard *hon* (iardiau) darn o dir yn ymyl adeilad, a wal o'i amgylch; buarth; clos

Iau *hwn* pumed diwrnod yr wythnos, sy'n dilyn dydd Mercher

ieir *hyn* lluosog **iâr**

a
b
c
ch
d
dd
e
f
ff
g
ng
h
i
j
l
ll
m
n
o
p
ph
r
rh
s
t
th
u
w
y

ieir bach yr haf *hyn* lluosog
iâr fach yr haf

---

ifanc *a* gair i ddisgrifio rhywun
neu rywbeth sydd wedi'i
eni yn ddiweddar, sydd ddim
yn hen
mor ifanc; mwy ifanc;
mwyaf ifanc

---

iglw *hwn* (iglws) tŷ crwn wedi'i
wneud o flociau eira

---

injan dân *hon* (injans tân)
math o lorri fawr sy'n cario
diffoddwyr tân

---

iogwrt *hwn* bwyd tew wedi'i
wneud o laeth

Ionawr *hwn* mis cyntaf y
flwyddyn; mae ganddo dri
deg un (31) diwrnod

---

is *a* gair i ddisgrifio rhywbeth
sy'n fwy **isel**

---

isaf *a* gair i ddisgrifio'r peth
mwyaf **isel**

---

isel *a* gair i ddisgrifio rhywbeth
sydd heb fod yn uchel
mor isel; is; isaf

J j

jac codi baw *hwn* peiriant
cryf sy'n codi pridd a
cherrig

---

jam *hwn* (jamiau) ffrwythau a
siwgr wedi'u berwi nes mynd
yn dew

---

jeli *hwn* (jelis) bwyd melys,
llithrig sy'n sgleinio ac yn
crynu wrth gael ei symud

jigso *hwn* (jigsos) darnau bach o
bren neu gardfwrdd sy'n ffitio
yn ei gilydd i wneud llun

---

jîns *hyn* trowsus wedi'i wneud o
gotwm cryf

---

jiráff *hwn* (jiraffod) anifail tal â
gwddf hir iawn sy'n byw yn
Affrica

a
b
c
ch
d
dd
e
f
ff
g
ng
h
i
j
l
ll
m
n
o
p
ph
r
rh
s
t
th
u
w
y

jwg *hwn* neu *hon* (jygiau) math o gwpan tal iawn â phig

jygiau *hyn* lluosog **jwg**

L l

lamp *hon* (lampiau) dyfais sy'n rhoi golau yn y man lle'r ydych chi ei eisiau

lastig *hwn* defnydd fel rwber sy'n gallu cael ei dynnu i'w wneud yn hirach ac yna ei adael i fynd yn ôl i'w faint arferol

lawnt *hon* (lawntiau) rhan o ardd lle mae porfa'n tyfu

lein ddillad *hon* (leiniau dillad) rhaff neu wifren i ddal dillad iddyn nhw gael sychu

lemwn *hwn* (lemonau) ffrwyth melyn â blas sur

letysen *hon* (letys) un o lysiau'r ardd â dail mawr, gwyrdd sy'n cael eu bwyta heb eu coginio

lili ddŵr *hon* blodyn mawr hardd sy'n tyfu mewn dŵr

lili wen fach *hon* blodyn bach gwyn sy'n tyfu ym mis Ionawr a mis Chwefror; eirlys

lorïau *hyn* lluosog **lorri**

lorri *hon* (lorïau) math o fan fawr sy'n cario pethau trwm

Os nad yw'r gair i'w weld dan 'L' mewn geiriadur, gall fod yn dreiglad gair sy'n dechrau â 'Ll', er enghraifft, dau **l**ew, dwy **l**aw neu dreiglad gair sy'n dechrau ag 'G', er enghraifft: awyr **l**as, ffenestr **l**ân.

Ll ll

lladron *hyn* lluosog **lleidr**

llaeth *hwn* y ddiod wyn sy'n dod o'r fuwch; llefrith

llai *a* heb fod yn fawr; heb fod cymaint [**bach**]

llaw *hon* (dwylo) pen pellaf eich braich sy'n cynnwys eich bysedd

llawes *hon* (llewys) rhan o wisg sy'n mynd o amgylch eich braich

llawn *a* gair i ddisgrifio rhywbeth sy'n dal cymaint ag sy'n bosibl
mor llawn; **mwy llawn; mwyaf llawn**

llawr *hwn* (lloriau) y rhan o ystafell mae pobl yn cerdded arni

lle *hwn* (lleoedd neu llefydd) man arbennig

lle tân *hwn* (llefydd tân) man arbennig mewn ystafell i gynnau tân

llefrith *hwn* y ddiod wyn sy'n dod o'r fuwch; llaeth

lleiaf *a* mae popeth yn fwy na hyn [**bach**]

lleidr *hwn* (lladron) rhywun sy'n dwyn pethau

llestr *hwn* (llestri) un darn o lestri (llestri)

llestri *hyn* y pethau sy'n dal bwyd a diod ar gyfer pryd o fwyd

llethr sgio *hwn* (llethrau sgio) rhywle serth i sgio arno

Lleuad *hon* y Lleuad yw'r cylch mawr, melyn sy'n disgleirio yn y nos

llew *hwn* (llewod) cath fawr, wyllt, o liw melyn tywyll

a
b
c
ch
d
dd
e
f
ff
g
ng
h
i
j
l
ll
m
n
o
p
ph
r
rh
s
t
th
u
w
y

llewys *hyn* lluosog **llawes**

lliain *hwn* (llieiniau) darn o
ddefnydd:
1 i'w roi ar fwrdd bwyd
2 sy'n cael ei ddefnyddio i
sychu pethau

llieiniau *hyn* lluosog **lliain**

llif *hon* (llifiau) math o gyllell
lydan, denau â dannedd
miniog i dorri pethau caled

llinell *hon* (llinellau) marc hir,
tenau sy'n gallu cael ei
hysgrifennu neu ei pheintio

llithren *hon* (llithrennau)
rhywbeth mawr hir a serth i
eistedd a llithro arno

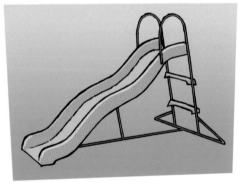

lliw *hwn* (lliwiau) mae coch, glas
a gwyrdd yn lliwiau

llo *hwn* (lloi) buwch neu darw
ifanc

llofft *hon* (llofftydd)
1 y rhan o dŷ yr ydych yn
ei chyrraedd drwy ddringo
grisiau
2 ystafell wely

llong *hon* (llongau) cwch mawr i
gario pobl neu bethau ar y môr

lloriau *hyn* lluosog **llawr**

llun *hwn* (lluniau) darlun pensil,
paent, neu un wedi'i dynnu
gan gamera

Llun *hwn* ail ddiwrnod yr
wythnos sy'n dilyn dydd Sul

llwy *hon* (llwyau) peth yr ydych
yn ei ddefnyddio i yfed cawl, i
droi eich te neu i fwyta pwdin

llwyaid *hon* (llwyeidiau) llond
llwy o rywbeth

llwybr *hwn* (llwybrau) ffordd
fach gul i gerdded arni

llwyd *a* gair i ddisgrifio lliw'r
awyr ar ddiwrnod cymylog
mor llwyd; mwy llwyd;
mwyaf llwyd

llwyn *hwn* (llwyni)
1 rhes o goed sy'n tyfu nesaf
at ei gilydd
2 coeden fach isel

a b c ch d dd e f ff g ng h i j l **ll** m n o p ph r rh s t th u w y

llwynog *hwn* (llwynogod) anifail gwyllt sy'n debyg i gi â blew coch a chynffon hir; cadno

llydan *a* gair i ddisgrifio rhywbeth sy'n ymestyn yn bell o un ochr i'r llall
mor llydan; mwy llydan; **mwyaf llydan**

llyfn *a* gair i ddisgrifio rhywbeth esmwyth, fflat sydd heb fod yn arw
mor llyfn; mwy llyfn; **mwyaf llyfn**

llyfr *hwn* (llyfrau) casgliad o ddudalennau wedi'u rhoi ynghyd o fewn cloriau

llyfrgell *hon* (llyfrgelloedd) ystafell neu adeilad arbennig i gadw llyfrau

llygad *hwn* (llygaid) rhan o'r corff yr ydych yn ei defnyddio i weld

llygoden *hon* (llygod) anifail bach â chot o flew byr a chynffon hir

llyn *hwn* (llynnoedd) pwll mawr iawn o ddŵr gyda thir o'i gwmpas

llythyr *hwn* (llythyrau) neges sy'n cael ei hysgrifennu ar bapur a'i phostio at rywun

M m

mab *hwn* (meibion) plentyn gwryw rhywun

maes *hwn* (meysydd) cae

maes awyr man lle mae pobl yn gallu mynd i deithio ar awyren

maes parcio lle i barcio ceir a lorïau

Mai *hwn* pumed mis y flwyddyn; mae ganddo dri deg un (31) diwrnod

malwoden *hon* (malwod) anifail bach sy'n byw mewn cragen, weithiau ar dir, weithiau mewn dŵr

a b c ch d dd e f ff g ng h i j l ll **m** n o p ph r rh s t th u w y

mam *hon* (mamau) rhiant sy'n fenyw

mam-gu *hon* mam eich tad neu eich mam; nain

maneg *hon* (menig) peth i'w wisgo am eich llaw gyda lle i bob bys

map *hwn* (mapiau) math o ddarlun yn dangos siâp lle neu wlad

mat *hwn* (matiau) carped bach

matshys *hyn* lluosog **matsien**

matsien *hon* (matshys) coes bach â phen sy'n cynnau'n fflam pan fydd yn cael ei rwbio yn erbyn rhywbeth garw

mawr *a* gair i ddisgrifio rhywun neu rywbeth sydd yn fwy o faint nag arfer
mor fawr; mwy; mwyaf

Mawrth *hwn*
1 trydydd mis y flwyddyn; mae ganddo dri deg un (31) diwrnod
2 trydydd diwrnod yr wythnos; mae'n dilyn dydd Llun

Medi *hwn* nawfed mis y flwyddyn; mae ganddo dri deg un (30) diwrnod

meddyg *hwn* (meddygon) rhywun sy'n gwella pobl; doctor

mefus *hyn* ffrwythau bach coch, melys, a hadau'n tyfu ar eu croen

Mehefin *hwn* chweched mis y flwyddyn; mae ganddo dri deg (30) diwrnod

meibion *hyn* lluosog **mab**

mêl *hwn* bwyd melys, tew, mae gwenyn yn ei wneud

melyn *a* gair i ddisgrifio lliw lemwn neu fanana
mor felyn; mwy melyn; mwyaf melyn

mellten *hon* (mellt) y golau sy'n fflachio yn yr awyr yng nghanol storm

a b c ch d dd e f ff g ng h i j l ll **m** n o p ph r rh s t th u w y

menig *hyn* lluosog **maneg**

menyn *hwn* bwyd melyn wedi'i wneud o laeth neu lefrith ac sy'n cael ei roi ar fara

menyw *hon* (menywod) merch sydd wedi tyfu'n oedolyn; dynes; gwraig

merch *hon* (merched)
1 person ifanc benyw
2 plentyn benyw rhywun

Mercher *hwn* pedwerydd diwrnod yr wythnos, sy'n dilyn dydd Mawrth

mochyn *hwn* (moch) anifail fferm â choesau byr, cynffon cyrliog ac sy'n rhochian

mochyn cwta *hwn* (moch cwta) anifail anwes sy'n debyg i lygoden fawr heb gynffon

modrwy *hon* (modrwyau) cylch o fetel sy'n ffitio ar eich bys

modryb *hon* gwraig eich ewythr neu chwaer un o'ch rhieni

modur *hwn* (moduron) math o beiriant sydd mewn car neu gwch

moddion *hwn* peth i'w lyncu i'ch gwella pan fyddwch yn sâl

mop *hwn* (mopiau) rhywbeth â choes a phen o sbwng neu o gortyn sy'n cael ei ddefnyddio i lanhau

môr *hwn* (moroedd) y dŵr hallt sy'n llifo lan at draeth

morfil *hwn* (morfilod) yr anifail mwyaf sy'n byw yn y môr

moron *hyn* llysiau â gwreiddiau hir, oren, yr ydym yn eu bwyta

morthwyl *hwn* (morthwylion) teclyn â phen trwm o fetel ar gyfer bwrw pethau, er enghraifft, hoelion i bren

mosg *hwn* (mosgiau) adeilad lle mae pobl yn mynd i addoli

a b c ch d dd e f ff g ng h i j l ll **m** n o p ph r rh s t th u w y

mwd *hwn* pridd gwlyb

mwg *hwn* y cwmwl sy'n codi o rywbeth sy'n llosgi

mẁg *hwn* (mygiau) math o gwpan tal, heb soser fel arfer

mwng *hwn* (myngau) y blew hir sy'n tyfu ar war ceffyl neu o gwmpas wyneb llew

mwnci *hwn* (mwncïod) anifail blewog â breichiau hir a thraed fel dwylo

mwy *a* gair i ddisgrifio rhywun neu rywbeth sy'n ymestyn ymhellach na **mawr**

mwyaf *a* gair i ddisgrifio rhywun neu rywbeth sy'n fwy na phopeth arall [**mwy**]

mwydyn *hwn* (mwydod) creadur hir, tenau sy'n byw mewn pridd; pryf genwair

mygiau *hyn* lluosog **mẁg**

myngau *hyn* lluosog **mwng**

mynydd *hwn* (mynyddoedd) darn o dir uchel iawn

Os nad yw'r gair i'w weld dan '**M**' mewn geiriadur, gall fod yn dreiglad gair sy'n dechrau â '**B**', er enghraifft: *fy **m**ag, ym **m**asged Mam.*

N n

Nadolig *hwn* (Nadoligau) Rhagfyr 25, diwrnod dathlu geni Iesu Grist

nadredd *hyn* lluosog **neidr**

nadroedd *hyn* lluosog **neidr**

nai *hwn* (neiaint) mab brawd neu chwaer i'ch mam neu'ch tad

nain *hon* (neiniau) mam eich tad neu eich mam; mam-gu

a b c ch d dd e f ff g ng h i j l ll **m** n o p ph r rh s t th u w y

nant *hon* (nentydd) afon fach

naw *rhifol* y rhif 9

neges *hon* rhywbeth pwysig mae un person yn ei anfon neu yn ei ddweud wrth rywun arall

neiaint *hyn* lluosog **nai**

neidr *hon* (nadredd *neu* nadroedd) anifail â chorff hir heb goesau; mae'n gallu brathu ac y mae rhai mathau yn beryglus

neiniau *hyn* lluosog **nain**

nentydd *hyn* lluosog **nant**

neuadd *hon* (neuaddau) ystafell fawr iawn neu adeilad mawr

newydd *a* gair i ddisgrifio:
1 rhywun neu rywbeth sydd heb gael ei adnabod neu'i ddefnyddio o'r blaen

2 rhywun neu rywbeth gwahanol
mor newydd; mwy newydd; mwyaf newydd

newyddion *hyn* straeon am yr holl bethau newydd sy'n digwydd yn y byd

nionyn *hwn* (nionod) planhigyn crwn â blas cryf

nith *hon* (nithoedd) merch brawd neu chwaer i'ch mam neu'ch tad

niwl *hwn* (niwloedd) awyr sy'n edrych fel mwg ac sy'n anodd gweld trwyddo

nos *hon* (nosweithiau) yr amser o'r dydd pryd y mae hi'n dywyll

nyrs *hwn* a *hon* (nyrsys) rhywun sy'n gofalu am bobl, mewn ysbyty, fel arfer

nyth *hwn* (nythod) cartref aderyn, lle mae'n dodwy ei wyau

Os nad yw'r gair i'w weld dan 'N' mewn geiriadur, gall fod yn dreiglad gair sy'n dechrau â 'D', er enghraifft: *fy* **n**oli, *fy* **n**rws, *fy* **n**ant.

a b c ch d dd e f ff g ng h i j l ll m **n** o p ph r rh s t th u w y

O o

octopws *hwn* anifail ag wyth o freichiau sy'n byw yn y môr

oen *hwn* (ŵyn) dafad ifanc

oer *a* gair i ddisgrifio rhywun neu rywbeth sydd ddim yn gynnes, ac yn teimlo fel y mae eira neu iâ yn teimlo
mor oer; **mwy oer; mwyaf oer**

ogof *hon* (ogofâu) twll mawr dan ddaear neu mewn clogwyn

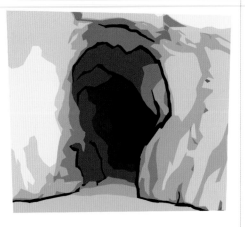

ogofâu *hyn* lluosog **ogof**

olwyn *hon* (olwynion) cylch sy'n rhan o beiriant ac sy'n troi o gwmpas darn yn ei ganol

oren[1] *hwn* (orennau) ffrwyth crwn, melys â chroen tew

oren[2] *a* gair i ddisgrifio lliw y ffrwyth *hwn*
mor oren; **mwy oren; mwyaf oren**

organ *hon* offeryn cerdd mawr sy'n cael ei ganu fel piano

oriau *hyn* lluosog **awr**

Os nad yw'r gair i'w weld dan 'O' mewn geiriadur, gall fod yn dreiglad gair sy'n dechrau ag 'G', er enghraifft: *un* **o**rsaf, *noson* **o**lau.

P p

pabell *hon* (pebyll) math o dŷ bychan o gynfas neu blastig ar bolion, sy'n gallu cael ei godi a'i symud

paent *hwn* (paentiau) peth gwlyb sy'n rhoi lliw i bethau

pafin *hwn* llwybr wrth ochr heol i bobl gerdded arno

a
b
c
ch
d
dd
e
f
ff
g
ng
h
i
j
l
ll
m
n
o
p
ph
r
rh
s
t
th
u
w
y

palas *hwn* (palasau) tŷ mawr, hardd lle mae rhywun pwysig iawn yn byw

palmant *hwn* llwybr ar ochr heol i bobl gerdded yn ddiogel arno; pafin

panda *hwn* anifail du a gwyn sy'n debyg i arth fawr

papur *hwn* (papurau)
1 defnydd tenau i ysgrifennu arno, i wneud llyfrau neu i lapio pethau ynddo
2 papur newydd

parc *hwn* (parciau)
1 gardd fawr i bobl gerdded ynddi
2 cae

parot *hwn* (parotiaid) aderyn mawr, lliwgar sy'n gallu gwneud sŵn tebyg i lais person

parsel *hwn* (parseli) pecyn wedi'i lapio yn barod i gael ei gario neu ei bostio

parti *hwn* (partïon) digwyddiad lle mae ffrindiau yn mwynhau gyda'i gilydd

past dannedd *hwn* sebon arbennig i lanhau dannedd

pedair *rhifol* y rhif 4 wrth sôn am rywbeth benywaidd

pedair ar bymtheg *rhifol* y rhif 19 wrth sôn am rywbeth benywaidd

pedair ar ddeg *rhifol* y rhif 14 wrth sôn am rywbeth benywaidd

pedwar *rhifol* y rhif 4 wrth sôn am rywbeth gwrywaidd

pedwar ar bymtheg *rhifol* y rhif 19 wrth sôn am rywbeth gwrywaidd

pedwar ar ddeg *rhifol* y rhif 14 wrth sôn am rywbeth gwrywaidd

peilot *hwn* (peilotiaid) rhywun sy'n hedfan awyren

peiriannau *hyn* lluosog **peiriant**

peiriant *hwn* (peiriannau) math o injan sy'n helpu pobl i weithio

pêl *hon* (peli) y peth crwn yr ydych yn ei daro, ei gicio neu'i daflu mewn gêm

pêl-droed *hon* gêm i ddau dîm o chwaraewyr sy'n cicio pêl arbennig ac yn ceisio sgorio goliau

pen *hwn* (pennau)
1 y rhan honno o gorff person neu anifail lle mae'r llygaid a'r trwyn a'r geg
2 rhan uchaf rhywbeth

pen blwydd *hwn* (pennau blwydd) y diwrnod hwnnw bob blwyddyn sy'n dathlu diwrnod eich geni

penelin *hwn* neu *hon* (penelinoedd) y man yng nghanol eich braich lle mae'n plygu

pen-glin *hwn* (pennau-gliniau) y man yng nghanol eich coes lle mae'n plygu

pengwin *hwn* (pengwiniaid) aderyn y môr du a gwyn sy'n defnyddio ei adenydd i nofio

penillion *hyn* lluosog **pennill**

pennau *hyn* lluosog **pen**

pennau blwydd *hyn* lluosog **pen blwydd**

pennill *hwn* (penillion) darn o farddoniaeth

pen ôl *hwn* (penolau) y rhan o'ch corff yr ydych chi'n eistedd arni

penolau *hyn* lluosog **pen-ôl**

a
b
c
ch
d
dd
e
f
ff
g
ng
h
i
j
l
ll
m
n
o
p
ph
r
rh
s
t
th
u
w
y

pensil *hwn* (pensiliau) darn tenau o bren neu blastig ar gyfer ysgrifennu neu dynnu llun

pert *a* gair i ddisgrifio rhywun neu rywbeth tlws; hardd
mor bert; **mwy pert; mwyaf pert**

petryal *hwn* (petryalau) siâp â phedair ochr llinell syth; mae sgwâr yn fath arbennig o betryal lle mae'r pedair ochr o'r un hyd

piano *hwn* (pianos) offeryn cerdd mawr â rhes o nodau du a gwyn yr ydych chi'n eu taro gyda'ch bysedd

pibell *hon* (pibellau) tiwb y mae dŵr neu nwy yn llifo drwyddo

pibonwy *hyn* bysedd o iâ sy'n digwydd pan fydd dŵr sy'n rhedeg yn rhewi

pig *hon* (pigau) y darn caled o gwmpas ceg aderyn

pigwrn *hwn* (pigyrnau) y rhan o'ch corff rhwng gwaelod eich coes a'ch troed; ffêr

pìn *hwn* (pinnau) math o hoelen fach, denau i gydio pethau at ei gilydd

pinc *a* gair i ddisgrifio lliw sy'n gymysgedd o goch a gwyn
mor binc; **mwy pinc; mwyaf pinc**

plant *hyn* lluosog **plentyn**

plât *hwn* (platiau) peth fflat i fwyta bwyd oddi arno

plentyn *hwn* (plant)
1 bachgen neu ferch ifanc
2 mab neu ferch rhieni

plisgyn *hwn* (plisg) rhan galed, sydd o gwmpas wy neu o gwmpas hadau rhai planhigion

plismon *hwn* (plismyn) dyn sy'n gofalu nad yw pobl yn gwneud pethau drwg fel dwyn ac ati; heddferch

a
b
c
ch
d
dd
e
f
ff
g
ng
h
i
j
l
ll
m
n
o
p
ph
r
rh
s
t
th
u
w
y

plismones *hon* menyw neu wraig sy'n gofalu nad yw pobl yn gwneud pethau drwg fel dwyn ac ati; heddwas

plu *hyn* lluosog **pluen**

pluen *hon* (plu)
1 un o ddarnau ysgafn, fflat cot aderyn
2 un darn bach o eira

poced *hon* (pocedi) math o fag bach sy'n cael ei wnïo ar ddillad

poeth *a* gair i ddisgrifio rhywbeth cynnes iawn
mor boeth; mwy poeth; mwyaf poeth

polyn *hwn* (polion) postyn tal, syth

pont *hon* (pontydd) peth sy'n croesi afon, rheilffordd neu heol

pop[1] *hwn* diod felys sy'n byrlymu

pop[2] *a* gair i ddisgrifio cerddoriaeth sy'n boblogaidd gan bobl ifanc

popty *hwn* (poptai) y rhan o stôf lle mae bwyd yn cael ei dwymo neu'i goginio; ffwrn

porfa *hon* y peth gwyrdd sy'n tyfu mewn caeau ac y mae defaid a gwartheg yn ei bori

porffor *a* gair i ddisgrifio lliw sy'n gymysgedd o goch a glas
mor borffor; mwy porffor; mwyaf porffor

postmon *hwn* (postmyn) rhywun sy'n dod â llythyrau a pharseli i'r tŷ

postmyn *hyn* lluosog **postmon**

postyn *hwn* (pyst) darn syth, cryf o bren i ddal neu gynnal rhywbeth

pot *hwn* (potiau) math o gwpan mawr i ddal pethau fel bwyd neu ddŵr neu flodau

potel *hon* (poteli) peth o wydr neu blastig â gwddf cul y gallwch arllwys pethau ohono

potelaid *hon* llond potel

powlen *hon* (powlenni) darn o lestri tebyg i gwpan mawr i ddal bwyd

powlennaid *hon* llond powlen

praidd *hwn* (preiddiau) llawer o ddefaid mewn un grŵp

preiddiau *hyn* lluosog **praidd**

pren *hwn* (prennau) y peth caled y mae coeden wedi ei gwneud ohono

pren mesur *hwn* (prennau mesur) darn o bren neu blastig ag ymylon syth ar gyfer mesur pethau a thynnu llinellau

prennau mesur *hyn* lluosog **pren mesur**

pridd *hwn* (priddoedd) mae planhigion yn tyfu yn hwn

priodas *hon* (priodasau) gwasanaeth lle mae dyn a menyw yn dod yn ŵr a gwraig

pryf copyn *hwn* (pryfed cop) creadur bach ag wyth coes sydd weithiau'n gweu gwe i ddal pryfed; corryn

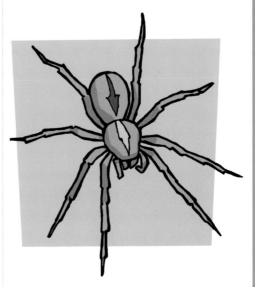

pryf genwair *hwn* (pryfed genwair) creadur hir, tenau sy'n byw mewn pridd; mwydyn

pryfed *hyn* lluosog **pryfyn**

pryfyn *hwn* (pryfed) creadur bach â chwe choes, fel clêr, morgrug a gwenyn

prynhawn *hwn* (prynhawniau) yr amser o ganol dydd tan tua chwech o'r gloch y nos

pum: pump *rhifol* y rhif 5

pwdin *hwn* (pwdinau) y bwyd melys sy'n cael ei fwyta ar ddiwedd prydo fwyd

pwll *hwn* (pyllau)
1 man lle y mae dŵr wedi casglu
2 twll dwfn yn y ddaear lle y mae pobl yn gweithio i godi glo ohono

pwmp petrol *hwn* peiriant sy'n arllwys petrol i danc mewn car, lorri neu gerbyd

pyjamas *hwn* crys a throwsus i'w gwisgo yn y gwely

pyllau *hyn* lluosog **pwll**

pymtheg: pymtheng *rhifol* y rhif 15

pyped *hwn* (pypedau) dol neu degan y mae'n bosib symud ei goesau a'i freichiau drwy dynnu ar gordiau

pyped llaw *hwn* (pypedau llaw) tegan i wisgo am eich llaw a'i symud gyda'ch bysedd

pyramid *hwn* (pyramidiau) siâp a gwaelod sgwâr sy'n cynnwys pedwar triongl yn cwrdd mewn pig

pys *hyn* hadau crwn, gwyrdd, planhigyn sy'n tyfu yn yr ardd y gellwch eu bwyta

pysgodyn *hwn* (pysgod) anifail sy'n byw ac anadlu dan ddŵr

pyst *hyn* lluosog **postyn**

Ph ph

Os nad yw'r gair i'w weld dan 'Ph' mewn geiriadur, gall fod yn dreiglad gair sy'n dechrau â 'P', er enghraifft: ei **ph**lentyn, tri **ph**ysgodyn.

R r

ras *hon* (rasys) cystadleuaeth i weld pwy neu beth sydd fwyaf cyflym

reis *hwn* hadau gwyn, caled, sy'n tyfu ar blanhigion mewn gwledydd poeth ac sy'n cael eu berwi i wneud bwyd

robin goch *hwn* aderyn bach cyffredin â brest goch a chefn brown

roced *hon* (rocedi)
1 tân gwyllt i'w saethu i'r awyr
2 peiriant teithio i'r gofod

rygbi *hwn* gêm i ddau dîm o chwaraewyr sy'n pasio ac yn cicio pêl arbennig ac yn ceisio sgorio ceisiau

rysáit *hon* (ryseitiau) rhywbeth sy'n dangos sut i wneud pryd o fwyd

ryseitiau *hyn* lluosog **rysáit**

Os nad yw'r gair i'w weld dan '**R**' mewn geiriadur, gall fod yn dreiglad gair sy'n dechrau â '**G**' neu '**Rh**' er enghraifft: *dwy **r**is, dau **r**uban, dwy **r**aw.*

Rh rh

rhaeadr *hon* (rhaeadrau) afon sy'n syrthio dros greigiau neu glogwyn

rhaff *hon* (rhaffau) cortyn cryf, tew

Rhagfyr *hwn* deuddegfed mis (a mis olaf) y flwyddyn; mae ganddo dri deg un (31) diwrnod

rhaw *hon* (rhofiau) peth ar gyfer codi a symud pridd neu dywod

rheilffordd *hon* (rheilffyrdd) cledrau ar gyfer trenau

rheilffyrdd *hyn* lluosog **rheilffordd**

a
b
c
ch
d
dd
e
f
ff
g
ng
h
i
j
l
ll
m
n
o
p
ph
r
rh
s
t
th
u
w
y

rhew *hwn* dŵr sydd mor oer mae wedi troi'n iâ

rhewgell *hon* (rhewgelloedd) math o gwpwrdd sy'n rhewi bwyd er mwyn ei gadw

rhiant *hwn* (rhieni) eich mam neu eich tad; un o'ch rhieni

rhieni *hyn* eich tad a'ch mam; lluosog **rhiant**

rhofiau *hyn* lluosog **rhaw**

rhosyn *hwn* (rhosynnau) blodyn pert ag arogl hyfryd a phigau ar ei goes

rhosynnau *hyn* lluosog **rhosyn**

rhuban *hwn* (rhubannau) darn hir, cul o ddefnydd

rhubannau *hyn* lluosog **rhuban**

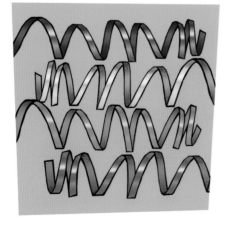

rhwyd *hon* (rhwydi) defnydd a llawer iawn o dyllau mân ynddo

S s

sach *hon* (sachau) bag mawr wedi'i wneud o ddefnydd cryf neu blastig

sach gysgu *hon* (sachau cysgu) math o fag mawr o ddefnydd cynnes ar gyfer cysgu mewn pabell neu yn yr awyr agored

Sadwrn *hwn* seithfed diwrnod yr wythnos, sy'n dilyn dydd Gwener

saer *hwn* (seiri) rhywun sy'n gwneud pethau o bren neu'n trwsio pethau o bren

saith *rhifol* y rhif 7

salad *hwn* bwyd sy'n cynnwys pethau oer neu bethau heb eu coginio

sanau *hyn* lluosog **hosan**

sandalau *hyn* esgidiau ysgafn, agored i'w gwisgo pan fydd y tywydd yn boeth

sbectol *hon* (sbectolau) dau ddarn o wydr sy'n eich helpu i weld pethau yn well

sbwng *hwn* defnydd trwchus, meddal sy'n dda am gadw dŵr

sbwriel *hwn* pob math o bethau nad oes neb eu heisiau

sebon *hwn* (sebonau) peth sy'n cael ei ddefnyddio gyda dŵr i ymolchi

sebra *hwn* (sebraod) anifail fel ceffyl a stribedi du a gwyn drosto

sedd *hon* (seddau) rhywbeth i eistedd arno

seiri *hyn* lluosog **saer**

selsig *hyn* bwyd wedi'i wneud o gig wedi'i stwffio i diwb o groen arbennig a'i goginio

sêr *hyn* lluosog **seren**

seren *hon* (sêr)
1 un o'r goleuadau bach, disglair yr ydych yn eu gweld yn yr awyr yn y nos
2 canwr neu actor enwog

sgarff *hon* (sgarffiau) darn hir, cul o ddefnydd i'w wisgo am eich gwddf a'ch pen

sgert *hon* (sgertiau) darn o ddillad merch neu wraig sy'n cyrraedd o'r canol tuag at y llawr

sgrin *hon* (sgriniau) peth llyfn sy'n cael ei ddefnyddio i ddangos lluniau arno neu drwyddo

sgwâr *hwn* (sgwariau) siâp gwastad â phedair ochr syth sydd i gyd o'r un hyd

sgwariau *hyn* lluosog **sgwâr**

sgwter *hwn* (sgwteri)
1 tegan a dwy olwyn y gallwch chi sefyll arno ag un droed a'i wthio ymlaen gyda'r droed arall
2 beic bach â modur yn ei yrru

siampŵ *hwn* (siampŵau) sebon golchi gwallt

a
b
c
ch
d
dd
e
f
ff
g
ng
h
i
j
l
ll
m
n
o
p
ph
r
rh
s
t
th
u
w
y

siarc *hwn* (siarcod) pysgodyn mawr â llawer o ddannedd ac sy'n byw yn y môr

sièd *hon* (siediau) adeilad bach i gadw pethau ynddo

siediau *hyn* lluosog **sièd**

siglen *hon* (siglenni) sedd wrth raffau i siglo yn ôl ac ymlaen arni

silff *hon* (silffoedd) darn hir, cul, gwastad o bren i ddal pethau

simnai *hon* (simneiau) pibell o fewn wal tŷ sy'n mynd â'r mwg o'r tân

simneiau *hyn* lluosog **simnai**

sinc *hwn* (sinciau) basn mawr â thapiau ar gyfer golchi pethau

siocled *hwn* (siocledi) bwyd melys wedi'i wneud o goco a siwgr

siop *hon* (siopau) rhywle lle mae pobl yn mynd i brynu pethau

siswrn *hwn* (sisyrnau) rhywbeth â dau lafn miniog wedi'u cysylltu yn y canol i dorri pethau

sisyrnau *hyn* lluosog **siswrn**

siwmper *hon* (siwmperi) darn o ddillad gyda llewys hir, heb fotymau, yr ydych yn ei dynnu dros eich pen i'w wisgo

sled *hwn* (slediau) math o fwrdd neu drol heb olwynion wedi'i wneud i lithro ar eira

slefren fôr *hon* (slefrod môr) anifail sy'n byw yn y môr â chorff sy'n debyg i jeli

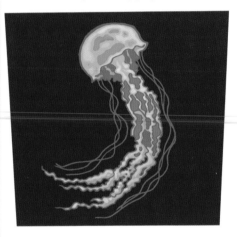

sosban *hon* (sosbannau) rhywbeth metel a dolen i gydio ynddo i goginio bwyd ar ben stof neu dân

staer *hon* (staerau) grisiau mewn adeilad

stôl *hon* (stolion)
1 cadair
2 cadair fach heb gefn

a
b
c
ch
d
dd
e
f
ff
g
ng
h
i
j
l
ll
m
n
o
p
ph
r
rh
s
t
th
u
w
y

stolion *hyn* lluosog **stôl**

stondin *hon* (stondinau) pabell neu siop agored sy'n gwerthu pethau mewn sioe neu ffair

stori *hon* (straeon *neu* storïau) hanes rhywbeth sydd wedi digwydd

straeon *hyn* lluosog **stori**

stryd *hon* (strydoedd) heol a thai bob ochr iddi

sudd *hwn* peth gwlyb o fewn ffrwythau a llysiau

Sul *hwn* diwrnod cyntaf yr wythnos

swigod *hyn* y cylchoedd bach o ddŵr a sebon sy'n hedfan ychydig ac yn byrstio

sŵn *hwn* (synau) unrhyw beth yr ydych chi'n gallu ei glywed

swyddfa bost *hon* (swyddfeydd post) math o siop sy'n delio gyda'r gwaith o ddanfon a derbyn llythyrau a pharseli

sych *a* gair i ddisgrifio rhywbeth sydd heb fod yn wlyb
mor sych; mwy sych; mwyaf sych

sychwr *hwn* (sychwyr) peiriant sy'n sychu rhywbeth, fel gwallt neu ddillad

synau *hyn* lluosog **sŵn**

syrcas *hon* sioe fawr gydag anifeiliaid, clowniau ac acrobatiaid

T t

taclau *hyn*
1 lluosog **teclyn**
2 pobl ddrwg

Tachwedd *hwn* unfed mis ar ddeg y flwyddyn; mae ganddo dri deg (30) diwrnod

tad *hwn* (tadau) rhiant sy'n ddyn

a b c ch d dd e f ff g ng h i j l ll m n o p ph r rh s **t** th u w y

tad-cu

tad-cu *hwn* tad eich tad neu eich mam; taid

tafod *hwn* (tafodau) y darn hir, pinc, meddal yn eich ceg

tai *hyn* lluosog **tŷ**

taid *hwn* (teidiau) tad eich tad neu eich mam; tad-cu

tair *rhifol* y rhif 3 wrth sôn am rywbeth benywaidd

tair ar ddeg *rhifol* y rhif 13 wrth sôn am rywbeth benywaidd

taith *hon* (teithiau) y gwaith o symud o un man i rywle pellach i ffwrdd

tân *hwn* (tanau) fflamau a gwres rhywbeth sy'n llosgi

tap *hwn* (tapiau) rhywbeth yr ydych chi'n gallu ei agor a'i gau i gael dŵr o bibell

taran *hon* (taranau) y sŵn mawr sy'n dilyn fflach mellten mewn storm

tarten *hon* (tartennau) math o deisen yn llawn jam neu ffrwythau

tarw *hwn* (teirw) buwch wryw; tad llo

taten *hon* (tatws) llysieuyn crwn, gwyn sy'n cael ei balu o'r ddaear, ei goginio a'i fwyta

te *hwn*
1 diod boeth yn cynnwys dŵr berwedig ar ben dail sych y llwyn te
2 pryd o fwyd sy'n cael ei fwyta yn y prynhawn

tebot *hwn* (tebotau) llestr neu bot arbennig i wneud te ynddo a'i arllwys

teclyn *hwn* (taclau) rhywbeth bach, fel cyllell neu siswrn, sydd rhaid ei gael i wneud gwaith arbennig

tegan *hwn* (teganau) rhywbeth mae plentyn yn chwarae ag ef

tegell *hwn* (tegellau) peth i ferwi dŵr ynddo

tei *hwn* neu *hon* (teis) darn hir, cul o ddefnydd sy'n cael ei wisgo dan goler crys

teiar *hwn* (teiars) cylch trwchus o rwber llawn gwynt, sy'n ffitio'n dynn am olwyn

teidiau *hyn* lluosog **taid**

teigr *hwn* (teigrod) cath fawr, wyllt â chot o streipiau melyn a du

teirw *hyn* lluosog **tarw**

teisen *hon* (teisennau) bwyd melys wedi'i wneud o flawd, menyn, wyau a siwgr wedi'u coginio mewn ffwrn; cacen

teisennau *hyn* lluosog **teisen**

teits *hyn* math o drowsus tenau sy'n ffitio'n dynn fel hosan

teledu *hwn* teclyn sy'n dangos rhaglenni i chi eu gwylio yn y tŷ

telyn *hon* (telynau) offeryn cerdd ar siâp triongl mawr â thannau; yr ydych yn defnyddio'ch bysedd i ganu'r delyn

tenau *a* gair i ddisgrifio rhywun neu rywbeth sydd ddim yn dew
mor denau; mwy tenau; mwyaf tenau

tew *a* gair i ddisgrifio:
1 rhywun neu rywbeth sy'n mesur cryn dipyn o un ochr i'r llall neu o'r top i'r gwaelod
2 rhywbeth anodd gweld drwyddo neu fynd drwyddo
mor dew; mwy tew; mwyaf tew

tîm *hwn* (timau neu timoedd) grŵp o bobl yn gweithio gyda'i gilydd, neu grŵp o bobl sy'n chwarae gyda'i gilydd

tlawd *a* gair i ddisgrifio rhywun heb lawer o arian na dim byd arall
mor dlawd; mwy tlawd; mwyaf tlawd

a b c ch d dd e f ff g ng h i j l ll m n o p ph r rh s **t** th u w y

tlws¹ *hwn* addurn

tlws² *a* gair i ddisgrifio rhywbeth hardd i edrych arno mor dlws; mwy tlws; mwyaf tlws

tlysau *hyn* lluosog **tlws**

to *hwn* (toeau) top tŷ sy'n mynd dros ei ben

tocyn *hwn* (tocynnau) darn o bapur neu gerdyn sy'n gadael i chi fynd ar fws neu drên neu fynd mewn i adeilad arbennig

tocynnau *hyn* lluosog **tocyn**

toeau *hyn* lluosog **to**

toiled *hwn* (toiledau) tŷ bach

tomato *hwn* (tomatos) ffrwyth crwn, coch, y gallwch ei fwyta heb ei goginio

ton *hon* (tonnau) llinell o ddŵr sy'n symud ar wyneb y môr

tonnau *hyn* lluosog **ton**

tortsh *hwn* (tortshys) math o lamp fach yr ydych chi'n gallu ei gario gyda chi sy'n rhoi golau pan bwyswch chi swits

torth *hon* (torthau) bara ar ôl iddo gael ei bobi

tractor *hwn* (tractorau) peiriant fferm i dynnu llwythi trwm

traed *hyn* lluosog **troed**

traeth *hwn* (traethau) y tywod neu'r cerrig ar lan y môr

trên *hwn* (trenau) y cerbydau a'r injan sy'n eu tynnu ar hyd cledrau rheilffordd

trenau *hyn* lluosog **trên**

tri *rhifol* y rhif 3

tri ar ddeg *rhifol* y rhif 13

triongl *hwn* (trionglau) siâp â thair llinell syth a thair ongl

a b c ch d dd e f ff g ng h i j l ll m n o p ph r rh s **t** th u w y

trist *a*
1 gair i ddisgrifio rhywun sy'n teimlo fel llefain
2 rhywbeth sy'n gwneud i chi deimlo fel llefain
mor drist; mwy trist; mwyaf trist

---

troed *hon* (traed) y rhan o'ch corff yr ydych chi'n sefyll arni

---

trol *hon* (troliau) math o gart ar olwynion sy'n cael ei dynnu gan geffyl neu gan ddyn

---

trowsus *hwn* (trowsusau) darn o ddillad yr ydych chi'n gwisgo am eich coesau a'i gau am eich canol

---

trwm *a* gair i ddisgrifio rhywun neu rywbeth sy'n pwyso llawer
mor drwm; mwy trwm; mwyaf trwm

---

trwyn *hwn* (trwynau) y rhan o'ch wyneb sy'n cael ei defnyddio i anadlu ac i arogli

---

trysor *hwn* (trysorau) rhywbeth gwerth llawer iawn o arian

---

tun *hwn* (tuniau)
1 can bwyd neu flwch wedi'i wneud o fetel
2 metel o liw arian

tusw *hwn* (tusŵau) blodau sydd wedi cael eu pigo a'u casglu at ei gilydd

---

twlc *hwn* sièd i gadw moch

---

twll *hwn* (tyllau) bwlch neu le gwag yn rhywbeth

---

twnelau *hyn* lluosog **twnnel**

---

twnnel *hwn* (twnelau) twll mawr, hir drwy fynydd neu dan y ddaear

---

tŵr *hwn* (tyrau) adeilad neu ran o adeilad sy'n dal a main

---

twrci *hwn* (twrcïod) aderyn mawr sy'n cael ei fagu am ei gig, yn enwedig amser Nadolig

---

tŷ *hwn* (tai) adeilad lle mae pobl yn byw

a b c ch d dd e f ff g ng h i j l ll m n o p ph r rh s **t** th u w y

tŷ bach *hwn* (tai bach) ystafell
â sedd arbennig a thwll
ynddi i chi gael eistedd arni,
hefyd sydd â lle i olchi
eich dwylo; toiled

tŷ dol *hwn* (tai dol) tŷ tegan

tŷ gwydr *hwn* (tai gwydr) tŷ
i gadw planhigion yn gynnes
yn yr haul a'u cysgodi rhag
y gwynt, y glaw a'r oerfel

tyllau *hyn* lluosog **twll**

tylluan *hon* (tylluanod) aderyn
â llygaid mawr sy'n hela
anifeiliaid bach yn y nos

tymheredd *hwn* (tymereddau)
pa mor oer neu pa mor boeth
yw rhywbeth neu rywun

tyrau *hyn* lluosog **twr**

tywysog *hwn* (tywysogion) mab
neu berthynas agos brenin
neu frenhines

Th th

theatr *hon* (theatrau) neuadd lle
mae pobl yn mynd i weld
dramâu

thermomedr *hwn*
(thermomedrau) dyfais sy'n
mesur tymheredd

Os nad yw'r gair i'w weld
dan 'Th' mewn geiriadur,
gall fod yn dreiglad gair sy'n
dechrau â '**T**', er enghraifft:
*ei **th**roed, ei **th**ŷ.*

U u

uchaf *a* gair i ddisgrifio rhywun
neu rywbeth sy'n fwy uchel
nac unrhyw un neu unrhyw
beth arall [**uchel**]

a
b
c
ch
d
dd
e
f
ff
g
ng
h
i
j
l
ll
m
n
o
p
ph
r
rh
s
t
th
u
w
y

uchel *a* gair i ddisgrifio:
1 rhywbeth sydd yn mynd lan ymhell
2 rhywbeth ymhell o'r ddaear
3 sŵn mawr
4 sŵn sydd heb fod yn isel neu'n ddwfn
mor uchel; **uwch**; **uchaf**

ugain *rhifol* y rhif 20

un *rhifol* y rhif 1

un ar bymtheg *rhifol* y rhif 16

un ar ddeg *rhifol* y rhif 11

un ar hugain *rhifol* y rhif 21

uwch *a* gair i ddisgrifio rhywun neu rywbeth sy'n fwy uchel na rhywun neu rywbeth arall [**uchel**]

uwd *hwn* bwyd brecwast wedi'i wneud o laeth twym a blawd ceirch

wal *hon* (waliau) un o ochrau ystafell; mur

watsh *hon* (watshys) cloc bach yr ydych yn ei wisgo am eich arddwrn

whilber *hon* (whilberi) cert bach ag olwyn ar un pen a breichiau ar y pen arall er mwyn symud pethau o un lle i'r llall; berfa

winwnsyn *hwn* (winwns) planhigyn crwn, â blas cryf

wy *hwn* (wyau) peth mae aderyn yn ei ddodwy

ŵyn *hyn* lluosog **oen**

wyneb *hwn* (wynebau) rhan flaen eich pen yn cynnwys eich llygaid, trwyn a'ch ceg

wyth *rhifol* y rhif 8

Os nad yw'r gair i'w weld dan '**W**' mewn geiriadur, gall fod yn dreiglad gair sy'n dechrau â '**G**', er enghraifft: y **w**ên lydan, cath fach **w**en, hen **w**ynt oer.

a
b
c
ch
d
dd
e
f
ff
g
ng
h
i
j
l
ll
m
n
o
p
ph
r
rh
s
t
th
u
w
y

Y y

ymbarél *hwn* peth i'w godi uwch eich pen i'ch cadw'n sych yn y glaw

ysbryd *hwn* (ysbrydion) siâp rhywun sydd wedi marw y mae pobl yn credu eu bod wedi'i weld

ysbytai *hyn* lluosog **ysbyty**

ysbyty *hwn* (ysbytai) adeilad lle mae doctoriaid a nyrsys yn gofalu am bobl sydd ddim yn iach

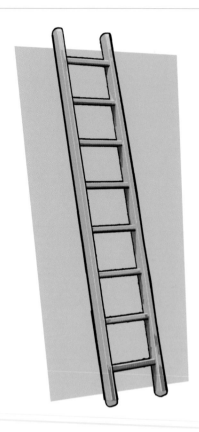

ysgafn *a* gair i ddisgrifio rhywun neu rywbeth hawdd ei godi
mor ysgafn; mwy ysgafn; mwyaf ysgafn

ysgol *hon* (ysgolion)
1 y lle mae plant yn mynd i ddysgu
2 dau bolyn hir gyda bariau byr rhyngddyn nhw i chi ddringo arnyn nhw

ysgol feithrin *hon* (ysgolion meithrin) y lle mae plant dwy a thair oed yn mynd i chwarae a dysgu

ysgol gynradd *hon* (ysgolion cynradd) y lle mae plant rhwng pedair ac un ar ddeg oed yn mynd i ddysgu

ysgol uwchradd *hon* (ysgolion uwchradd) y lle mae pobl ifanc rhwng un ar ddeg a deunaw oed yn mynd i ddysgu

ysgwydd *hon* (ysgwyddau)
y rhan o'ch corff rhwng eich
gwddf a'ch braich

ystafell *hon* (ystafelloedd) un o'r
lleoedd mewn adeilad a
waliau o'i gwmpas

ystafell fyw *hon* (ystafelloedd
byw) ystafell ar gyfer ymlacio

ystafell wely *hon* (ystafelloedd
gwely) ystafell i gysgu ynddi

ystafell ymolchi *hon*
(ystafelloedd ymolchi) ystafell
gyda bath neu gawod, tŷ
bach a basn ar gyfer ymolchi

ystlum *hwn* (ystlumod) anifail
sy'n debyg i lygoden fach ag
adenydd sy'n hela pryfed yn
y nos

Os nad yw'r gair i'w weld
dan '**Y**' mewn geiriadur,
gall fod yn dreiglad gair
sy'n dechrau â '**G**', er
enghraifft: *dau* **y**rrwr.

a
b
c
ch
d
dd
e
f
ff
g
ng
h
i
j
l
ll
m
n
o
p
ph
r
rh
s
t
th
u
w
y

Rhifolion

un	1	
dau/dwy	2	
tri/tair	3	
pedwar/pedair	4	
pump	5	
chwech	6	
saith	7	
wyth	8	
naw	9	
deg	10	
un ar ddeg	11	un deg un
deuddeg	12	un deg dau
tri/tair ar ddeg	13	un deg tri
pedwar/pedair ar ddeg	14	un deg pedwar
pymtheg	15	un deg pump
un ar bymtheg	16	un deg chwech
dau/dwy ar bymtheg	17	un deg saith
deunaw	18	un deg wyth
pedwar/pedair ar bymtheg	19	un deg naw
ugain	20	dau ddeg